Lewisch • Zwicker • Fitzka • Breunig • Riehs

Mathematik

Verstehen + Üben + Anwenden

2

Lösungen

Bearbeitet von
Stefanie Fitzka

VERITAS
Gemeinsam besser lernen

Mit Bescheid des Bundesministeriums für Unterricht, Kunst und Kultur, GZ 5.050/0020-Präs. 8/2011 als für den Unterrichtsgebrauch an Hauptschulen und an allgemein bildenden höheren Schulen für die 2. Klasse im Unterrichtsgegenstand Mathematik geeignet erklärt (Anhang).

Schulbuchnummer: **155.551**

5. Auflage (2017)
Die 1. bis 5. Auflage können nebeneinander im Unterricht verwendet werden.

Gedruckt in Österreich auf umweltfreundlich hergestelltem Papier

Lektorat: Veronika Weidenholzer, Claudia Märzinger
Herstellung, Umschlaggestaltung und Layout: Irene Demelmair
Bildredaktion: Nina Autengruber
Schulbuchvergütung/Bildrechte: © VBK/Wien
Alle Ausschnitte mit Zustimmung der VBK/Wien

Satz und Konstruktionen: DOKU-Consult KG, Wien

ISBN 978-3-7058-8790-9

Wiederholung aus der 1. Klasse

1 **a)** $2\frac{354}{1000} = 2 + \frac{3}{10} + \frac{5}{100} + \frac{4}{1000}$ **b)** $\frac{6}{10}$ **c)** $90\frac{56}{100} = 90 + \frac{5}{10} + \frac{6}{100}$
d) $20\frac{73}{1000} = 20 + \frac{7}{100} + \frac{3}{1000}$ **e)** $1\,438\frac{37}{1000} = 1\,438 + \frac{3}{100} + \frac{7}{1000}$

2 **a)** 3,7 **b)** 7,35 **c)** 45,03 **d)** 5,239

3 **a)** $1\frac{5}{100} = 1$ E 5 h = 1,05 **b)** 2 E 3 t = $2\frac{3}{1000}$

4 **a)** 843; 843; 0,843; 84,3; 8 043; 0,8043; 8 043; 80 430
b) 600; 600,06; 6; 0,6; 60 606; 60,06; 0,606; 606
Nullen vor der Zahl oder nach dem Komma am Ende der Zahl können weggelassen werden.

5 **a)** = **b)** < **c)** < **d)** < **e)** = **f)** >

6 1,75 > 1,50 $1\frac{75}{100} > 1\frac{50}{100}$

7 **a)** 3,74 Mio. **b)** 12,5 Mio. **c)** 6,78 Mrd. **d)** 8,43 Mio.
e) 0,498 Mio. **f)** 2,9 Mrd. **g)** 5,328 Mrd. **h)** 0,43 Mrd.

8 **a)** 8 400 000 **b)** 8 420 000 **c)** 460 000 **d)** 3 900 000 000
e) 850 000 000 **f)** 1 020 000 000 **g)** 80 000 **h)** 4 000

9 BREGENZ

10 **a)** 16 **b)** 9

11 **a)** 3 **b)** 60 **c)** 54 **d)** 120

12 **a)** 7,5 dag **b)** 10 dag **c)** 20 dag

13 **a)** 6; 4 **b)** 3; 5 **c)** 1; 7

14 **a)** 501,17 **b)** 5 392,899 **c)** 1 015,89 **d)** 0,809 **e)** 443 331

15 **a)** 231,09 **b)** 54,48 **c)** 4 058,6 **d)** 38 244,576 **e)** 688 663,657

16 **a)** 23,43 Es wurde vergessen, „eins weiter zu zählen".
b) 240,51 Es wurde vergessen, „eins weiter zu zählen".
c) 38,58 Beim Stellenwert „Zehntel" wurde addiert.
d) 59,45 Komma wurde nicht beachtet
e) 3,95 Zehntel wurden von Hundertstel subtrahiert

17 —

18 **a)** 417,26 **b)** 451,36 **c)** 3 547,72 **d)** 432,333 **e)** 700,5 **f)** 64 609,06

19 7,5 + 12,5; 7,2 + 12,8; 19,01 + 0,99; 5,6 + 14,4; 2,11 + 17,89

20 **a)** 90 **b)** 160 **c)** 140 **d)** 19,2 **e)** 19 **f)** 12,78

21 **a)** 5 **b)** 20 **c)** 32,7 **d)** 23,8

22 **a)** 89; 890; 8 900 **b)** 251,4; 2 514; 25 140 **c)** 6,5; 65; 650
d) 70,62; 706,2; 7 062 **e)** 0,19; 1,9; 19

23 **a)** 4,12 **b)** 770 **c)** 3 071,7 **d)** 51,9 **e)** 72
f) 1 260 **g)** 71 **h)** 0,4 **i)** 700

24 **a)** 71,4; 7,14; 0,714 **b)** 6,29; 0,629; 0,0629 **c)** 15,52; 1,552; 0,1552
d) 7; 0,7; 0,07 **e)** 0,455; 0,0455; 0,00455

25 **a)** 2,9 **b)** 9,17 **c)** 6,523 **d)** 21 **e)** 0,379
f) 0,789 **g)** 0,0782 **h)** 0,072 **i)** 0,0902

26 **a)** 23,81; 2,381 **b)** 0,623; 0,0623 **c)** 5 100; 51 000 **d)** 720; 7 200

27 1 000 · 0,03; 100 · 0,3; 0,1 · 300; 10 · 3

28 **a)** : **b)** – **c)** · **d)** +

29 **a)** 3 703; Ü: 500 · 7 **b)** 5 887; Ü: 200 · 30 **c)** 25 992; Ü: 700 · 40
d) 195 372; Ü: 700 · 300 **e)** 1 588 566; Ü: 5 000 · 300 **f)** 32 028 372; Ü: 9 000 · 4 000

30 **a)** 607,36; Ü: 8 · 70 **b)** 58,87; Ü: 2 · 30 **c)** 25,92; Ü: 7 · 4
d) 9,45; Ü: 4 · 2 **e)** 845,06; Ü: 90 · 9 **f)** 1 047,2; Ü: 30 · 30
g) 640,52; Ü: 20 · 30 **h)** 1 589,26; Ü: 500 · 3 **i)** 3 200,148; Ü: 900 · 4

31 **a)** 61 040 **b)** 5 280 **c)** 58 700 **d)** 4 243,5 **e)** 273,6
f) 8 056 **g)** 1,592 **h)** 8,904 **i)** 22 776,8

32 **a)** 6 069 **b)** 1 035 **c)** 8 874 **d)** 37 **e)** 62
f) 122 **g)** 39,8 **h)** 48 **i)** 29,8

33 —

34 **a)** 11,04 dm^2 **b)** 1,62 dm^2 **c)** 36,96 dm^3

35 **a)** 2; 10; 4; 240; 120 **b)** 30; 12; 600; 1 500; 60 000

36 **a)** 1,89 **b)** 1,2375 **c)** 7,4 **d)** 0,73
e) 86,425 **f)** 14,2 **g)** 2,26 **h)** 1,5

37 **a)** 70 **b)** 185,5 **c)** 38,5 **d)** 58
e) 760 **f)** 1 976 **g)** 1 402 **h)** 501,7

38 **a)** 5,6 **b)** 3,4 **c)** 2,5 **d)** 2,78

39 **a)** 420 **b)** 560 **c)** 2 300 **d)** 2 700

40 **a)** 3,8 **b)** 4,4 **c)** 2,7 **d)** 7,5
e) 5,6 **f)** 8,4 **g)** 5,6 **h)** 7,2

41 **a)** x = 6 m **b)** y = 5,2 m **c)** z = 6,25 m

42 h = 3 m

43 **a)** 600; 6 000; 1 200; 3 000; 200 **b)** 396; 440; 2; 550; 100; 5

44 **a)** 4 316 **b)** 17 **c)** 11,15 **d)** 0,92 **e)** 28 **f)** 2,85552

45 **a)** 207 **b)** 1,3 **c)** 2,4 **d)** 5,1 **e)** 0,7 **f)** 1,58

46 **a)** 531 **b)** 8,8 **c)** 49,5 **d)** 18,44 **e)** 1 983,4 **f)** 0

47 **a)** 247 **b)** 5,3 **c)** 150,9 **d)** 53,5 **e)** 0,9 **f)** 2,466

48 —

49 **a)** 12 – 0,5 · 6 + 2 **b)** 12 : 0,5 – 6 · 2 **c)** 12 + 0,5 · (6 + 2) bzw. 12 : 0,5 – 6 – 2

50 **a)** 17 + 16 + 50 = 83 **b)** 7 · (12 – 6) + 24 : (12 – 4) = 7 · 6 + 24 : 8 = 42 + 3 = 45

51 **a)** 7,5 **b)** 1,2 **c)** 8,5 **d)** 3,4 **e)** 93,4 **f)** 3

52 **a)** 120 **b)** 2 **c)** 1 **d)** 13,1

53 0

54 **a)** 675; 170; 510; 335 **b)** 10,9; 7,4; 7,2; 0,7 **c)** 50,5; 5,7; 58,5; 107
Die Klammern verändern die Rechenreihenfolge.

55 DEZIMAL

56 Subtraktion: Minuend − Subtrahend = Differenz
Multiplikation: Faktor · Faktor = Produkt
Division: Dividend : Divisor = Quotient

57 **a)** 175 **b)** 150 **c)** 151 **d)** 261

58 **a)** ↔ (6) **b)** ↔ (2) **c)** ↔ (5)

59 **a)** ↔ (2) **b)** ↔ (4) **c)** ↔ (7) **d)** ↔ (6) **e)** ↔ (3) **f)** ↔ (5)
g) ↔ (1)

60 **a)** 15,10 €; 34,90 € **b)** 6,80 €; 13,20 € **c)** 27,80 €; 72,20 €

61 **a)** 8,82 € **b)** 16,45 € **c)** 18,575 € ≈ 18,58 €

62 1 060,60 €

63 130,40 €

64 ab 9 Personen

65 Differenz:
Millennium Tower und Petronas Towers: 250 m
Millennium Tower und Burj Dubai: 626 m
Petronas Towers und Burj Dubai: 376 m

Quotient:
Millennium Tower und Petronas Towers wie 1 zu 2,24
Millennium Tower zu Burj Dubai wie 1 zu 4,10
Petronas Towers zu Burj Arab wie 1 zu 1,83

66 Addiere alle Werte und dividiere das Ergebnis durch die Anzahl der Werte.

67 **a)** 20,2 **b)** 3,82 **c)** 12,9 **d)** 24,3

68 **a)** 17,5 kg **b)** 16,8 kg **c)** 14,1 kg

69 **a)** 55,752 **b)** 8,28 **c)** 420 **d)** 2 700

70 **a)** 3,48 **b)** 3,78 **c)** 5,6 **d)** 3,8

71 6

72 1 · 60; 2 · 30; 3 · 20; 4 · 15; 5 · 12; 6 · 10

73 £ 3,50

74 Ann: £ 8,80; Jack: £ 15,80

Teilbarkeit natürliche Zahlen

75 **a)** $T_{15} = \{1, 3, 5, 15\}$ **b)** $T_{16} = \{1, 2, 4, 8, 16\}$

76 **a)** $V_2 = \{2, 4, 6, 8, 10, 12, 14, 16, 18, 20\}$
b) $V_6 = \{6, 12, 18, 24, 30, 36, 42, 48, 54, 60\}$
c) $V_{13} = \{13, 26, 39, 52, 65, 78, 91, 104, 117, 130\}$

77 **a)** ∈ **b)** ∉ da 2 · 5 = 10 **c)** ∈ **d)** ∈ da 3 · 7 = 21 **e)** ∉ **f)** ∈
g) ∈ **h)** ∉ da 5 · 9 = 45 **i)** ∉ da 3 · 29 = 87 **j)** ∉ da 2 · 24 = 48 **k)** ∈ **l)** ∈

78 345 674 ist eine gerade Zahl und daher durch 2 teilbar.

79 (3, 5); (5, 7); (11, 13); (17, 19); (29, 31); (41, 43); (59, 61); (71, 73)

80 (3, 5, 7); 1 ist keine Primzahl; 3 | 9; 3 | 15; 5 | 15

81 — 82 — 83 —

84 n = 0: 11 → Primzahl
n = 1: 13 → Primzahl
n = 2: 17 → Primzahl
n = 3: 23 → Primzahl
n = 4: 60 → keine Primzahl
n = 5: 41 → Primzahl
n = 6: 53 → Primzahl
n = 7: 67 → Primzahl
n = 8: 83 → Primzahl
n = 9: 101 → Primzahl
n = 10: 121 → keine Primzahl
n = 11: 143 → keine Primzahl
n = 12: 167 → Primzahl

85 **a)** $24 = 2 \cdot 2 \cdot 2 \cdot 3$ **b)** $30 = 2 \cdot 3 \cdot 5$
c) $75 = 3 \cdot 5 \cdot 5$ **d)** $270 = 2 \cdot 3 \cdot 3 \cdot 3 \cdot 5$
e) $360 = 2 \cdot 2 \cdot 2 \cdot 3 \cdot 3 \cdot 5$ **f)** $400 = 2 \cdot 2 \cdot 2 \cdot 2 \cdot 5 \cdot 5$
g) $1\,008 = 2 \cdot 2 \cdot 2 \cdot 2 \cdot 3 \cdot 3 \cdot 7$ **h)** $1\,400 = 2 \cdot 2 \cdot 2 \cdot 5 \cdot 5 \cdot 7$

86 **a)** 18 **b)** 210 **c)** 455 **d)** 34

87 **a)** 16 **b)** 27 **c)** 27 000

88 **a)** 7 **b)** 11 **c)** 5

89 z. B.: **a)** $2 \cdot 2 = 4$; $2 \cdot 2 \cdot 2 = 8$; $2 \cdot 2 \cdot 2 \cdot 2 = 16$ **b)** 9, 27, 81
c) 25, 125, 625 **d)** 121, 1 331, 14 641

90 Auch sehr große Zahlen können aus nur einer oder wenigen Primfaktoren bestehen.

91 $2 \cdot 5 = 10$

92

teilbar durch	140	36 000	5 981	6 007	5 400	20 000	100 000
10	✓	✓	×	×	✓	✓	✓
100	×	✓	×	×	✓	✓	✓
1 000	×	✓	×	×	×	✓	✓

93 z. B.: **a)** 270, 890, 1 040, 12 310 **b)** 1 800, 3 200, 11 700, 123 400

94 Weil 10 Teiler von 100 ist.

95 Weil 100 Teiler von 1 000 ist.

96

teilbar durch	60	165	378	532	325	400	563	890	1 000	1 034	1 035
2	ja	nein	ja	ja	nein	ja	nein	ja	ja	ja	nein
5	ja	ja	nein	nein	ja	ja	nein	ja	ja	nein	ja
10	ja	nein	nein	nein	nein	ja	nein	ja	ja	nein	nein

97 durch 2 teilbar: 564, 80, 530, 5 004, 120, 358, 6 050, 7 182
durch 5 teilbar: 80, 530, 3 445, 120, 715, 6 050
durch 10 teilbar: 80, 530, 120, 6 050

98 Wenn eine Zahl durch 2 und durch 5 teilbar ist, so ist sie auch durch 10 teilbar ($10 = 2 \cdot 5$).

99 z. B.: **a)** 4, 8, 32, 68, 92, … **b)** 15, 35, 75, 115, 145, … **c)** 20, 60, 100, 190, 320, …

100 **a)** 552, 554, 556, 558; 1 332, 1 334, 1 336, 1 338;
4 532, 4 534, 4 536, 4 538; 9 052, 9 054, 9 056, 9 058 usw.
b) 555; 1 335; 4 535; 9 055 usw.
c) 550; 1330; 4 530; 9 050 usw.

101 Eine Zahl ist durch 2 teilbar, wenn die Einerziffer gerade ist.

102 Die Zahl ist durch 5 teilbar, wenn die Einerziffer 0 oder 5 ist, weil 5 ein Teiler von 10 ist und das dekadische System verwendet wird.

103

teilbar durch	150	344	1 200	362	750	1 264	8 608	5 625	6 000	56 512
4	nein	ja	ja	nein	nein	ja	ja	nein	ja	ja
25	ja	nein	ja	nein	ja	nein	nein	ja	ja	nein
100	nein	nein	ja	nein	nein	nein	nein	nein	ja	nein

104 $25 \nmid 540$

105 falsch: $4 \mid 332$, obwohl weder die Zehner- noch die Einerziffer durch 4 teilbar sind.

106 00; 25; 50; 75

107 **a)** 1992, 1824, 2028 **b)** — **c)** 2016 (2020)

108 1 600, 2 000

109 Samir liegt richtig.

110 $4 \mid 40$ und $4 \mid 16$ $\rightarrow$ $4 \mid 56$

111 **a)** $8 \nmid 122$ **b)** $125 \nmid 550$

112

teilbar durch	4 750	3 000	89 500	7 375	19 000	6 400	1 250	45 625
8	nein	ja	nein	nein	ja	ja	nein	nein
125	ja	ja	ja	ja	ja	nein	ja	ja
1 000	nein	ja	nein	nein	ja	nein	nein	nein

113 **a)** 16 745 040; 16 745 048 **b)** 16 745 016; 16 745 056; 16 745 096

114 4 ist Teiler von 8

115 25; 75; 100; 150; …

116 12; 20; 28; 36; 44; 52; 60; 68; 76; 84; 92

117

Zahl	375	6 221	459	11 245	2 367	6 230	262 626	811 881	101 010
ZiffernS.	$3 + 7 + 5 = 15$	11	18	13	18	11	24	27	3
durch 3	ja	nein	ja	nein	ja	nein	ja	ja	ja
durch 9	nein	nein	ja	nein	ja	nein	nein	ja	nein

118 **a)** $3 \nmid 5\,648$; $9 \nmid 5\,648$ **b)** $3 \mid 10\,089$; $9 \mid 10\,089$ **c)** $3 \nmid 9\,586$; $9 \nmid 9\,586$
d) $3 \nmid 34\,021$; $9 \nmid 34\,021$ **e)** $3 \mid 7\,983$; $9 \mid 7\,983$ **f)** $3 \mid 564\,825$; $9 \nmid 564\,825$
g) $3 \mid 34\,614$; $9 \mid 34\,614$

119 durch 3 teilbar: 4 536, 90 345, 60 432, 333 333, 98 751, 95 742
durch 9 teilbar: 4 536, 333 333, 95 742

120 **a)** falsch, z. B.: $3 \mid 33$; $9 \nmid 33$ **b)** richtig, da $3 \mid 9$ **c)** falsch, z. B.: $3 \mid 4\,158$

121 **a)** z. B.: 564, 5 745, 8 058, 9 582, 35 421, 85 647, 90 051, 46 317, 4 173, 8 049, 3 225, 20 064, 92 148, 80 340, 82 236, 19 203

b) z. B.: 567, 5 742, 8 055, 9 585, 35 424, 85 644, 90 054, 46 314, 4 977, 8 010, 3 222, 20 160, 92 133, 80 334, 89 235, 11 223

122 **a)** O **b)** Z

123 —

124

teilbar durch	342	492	354	6 076	3 576	5 648	6 132
2	ja	ja	ja	ja	ja	ja	ja
3	ja	ja	ja	nein	ja	nein	ja
6	ja	ja	ja	nein	ja	nein	ja

125 stimmt nicht; z. B. $3 \mid 9$, aber $6 \nmid 9$

126 $2 \mid 12$ und $3 \mid 12 \rightarrow 6 \mid 12$

127 $V_{12} = \{12, 24, 36, 48, 60, 72, \dots\}$
Alle Zahlen sind auch durch 3 und 4 teilbar, weil sich 12 aus dem Produkt von 3 und 4 zusammensetzt.

128 Alle Zahlen, die durch 3 und durch 4 teilbar sind, sind auch durch 12 teilbar.

129 $V_{15} = \{15, 30, 45, 60, 75, \dots\}$

130 Alle Zahlen, die durch 3 und durch 5 teilbar sind, sind auch durch 15 teilbar.

131 Vera: richtig; Sina: richtig; Belent: richtig; Markus: falsch; z. B.: 8; Susanne: falsch; z. B.: 6; Paul: falsch; z. B.: 36; Aleina: richtig; Karim: richtig

132 z. B.: $2 \mid 12$; $4 \mid 12$; $8 \nmid 12$ Begründung: $2 \mid 4$

133 z. B.: $2 \mid 18$; $6 \mid 18$; $12 \nmid 18$ Begründung: $2 \mid 6$

134 a und b dürfen keine gemeinsamen Primfaktoren haben: z. B.: $3 \mid 42$; $7 \mid 42 \rightarrow 21 \mid 42$

135 **a)** $2 \nmid 369$; $3 \mid 369$; $4 \nmid 369$; $5 \nmid 369$; $6 \nmid 369$; $9 \mid 369$; $10 \nmid 369$
b) $2 \mid 426$; $3 \mid 426$; $4 \nmid 426$; $5 \nmid 426$; $6 \mid 426$; $9 \nmid 426$; $10 \nmid 426$
c) $2 \mid 360$; $3 \mid 360$; $4 \mid 360$; $5 \mid 360$; $6 \mid 360$; $9 \mid 360$; $10 \mid 360$
d) $2 \mid 7\,020$; $3 \mid 7\,020$; $4 \mid 7\,020$; $5 \mid 7\,020$; $6 \mid 7\,020$; $9 \mid 7\,020$; $10 \mid 7\,020$
e) $2 \nmid 345$; $3 \mid 345$; $4 \nmid 345$; $5 \mid 345$; $6 \nmid 345$; $9 \nmid 345$; $10 \nmid 345$
f) $2 \mid 6\,750$; $3 \mid 6\,750$; $4 \nmid 6\,750$; $5 \mid 6\,750$; $6 \mid 6\,750$; $9 \mid 6\,750$; $10 \mid 6\,750$
g) $2 \mid 348$; $3 \mid 348$; $4 \mid 348$; $5 \nmid 348$; $6 \mid 348$; $9 \nmid 348$; $10 \nmid 348$

136 Sarah: 19 Kinder; Oleg: 18 Kinder; Merve: 16 oder 23 Kinder
Leonie: 20 Kinder; Wolfgang: 25 Kinder; Lukas: 24 Kinder

137 **a)** richtig **b)** richtig

138 **b)** (1) $n + (n + 1) + (n + 2) = 3n + 3$; $3 \mid 3n$; $3 \mid 3 \rightarrow 3 \mid 3n + 3$
(2) $(n - 1) + n + (n + 1) = 3n$; $3 \mid 3n$

139 **b)** (1) $n + (n + 1) + (n + 2) + (n + 3) + (n + 4) = 5n + 10$; $5 \mid 5n$; $5 \mid 10 \rightarrow 5 \mid 5n + 10$
(2) $(n - 1) + n + (n + 1) + (n + 2) + (n + 3) = 5n + 5$; $5 \mid 5n$; $5 \mid 5 \rightarrow 5 \mid 5n + 5$

140 **a)** $T_{16} \cap T_{24} = \{1, 2, 4, 8\}$; ggT (16, 24) = 8 **b)** $T_9 \cap T_{15} = \{1, 3\}$; ggT (9, 15) = 3
c) $T_{21} \cap T_{14} = \{1, 7\}$; ggT (21, 14) = 7 **d)** $T_{12} \cap T_{18} = \{1, 2, 3, 6\}$; ggT (12, 18) = 6

141 **a)** $T_{24} \cap T_{28} = \{1, 2, 4\}$; ggT (24, 28) = 4 **b)** $T_{15} \cap T_{12} = \{1, 3\}$; ggT (15, 12) = 3
c) $T_{18} \cap T_{35} = \{1\}$; ggT (18, 35) = 1 **d)** $T_{18} \cap T_{36} = \{1, 2, 3, 6, 9, 18\}$; ggT (18, 36) = 18

142 **a)** $T_{27} \cap T_{36} = \{1, 3, 9\}$; ggT (27, 36) = 9 **b)** $T_{25} \cap T_{24} = \{1\}$; ggT (25, 24) = 1
c) $T_8 \cap T_{36} = \{1, 2, 4\}$; ggT (8, 36) = 4 **d)** $T_{11} \cap T_{12} = \{1\}$; ggT (11, 12) = 1

143 **a)** 6 **b)** 9 **c)** 7 **d)** 1

144 **a)** 6 **b)** 1 **c)** 5 **d)** 14

145 **a)** 4 **b)** 3 **c)** 1 **d)** 10

146	**a)** 4	**b)** 20	**c)** 8	**d)** 5		
147	**a)** 6	**b)** 1	**c)** 9	**d)** 6		
148	**a)** 1	**b)** 15	**c)** 5	**d)** 5		
149	—					
150	**a)** 15	**b)** 50	**c)** 16	**d)** 6		
151	**a)** 28	**b)** 1	**c)** 27	**d)** 1		
152	**a)** 33	**b)** 13	**c)** 1	**d)** 1		
153	**a)** 12	**b)** 15	**c)** 12	**d)** 1		
154	**a)** 3	**b)** 30	**c)** 4	**d)** 12		
155	z. B.: 30, 35; 55, 60; 115, 120					
156	z. B.: **a)** 24, 32; 152, 160; 8, 80	**b)** 60, 66; 42, 102; 12, 186	**c)** 15, 75; 30, 165; 45, 645			
157	15 cm, 30 cm					
158	15 Stück; 8 cm · 8 cm					
159	40 cm					
160	**a)** 20 cm	**b)** 21 cm	**c)** 30 cm	**d)** 14 cm	**e)** 6 cm	**f)** 8 cm
161	Benny: 6; Marie: 5; Jonas: 24					
162	—					
163	**a)** kgV (4, 5) = 20 **d)** kgV (6, 9) = 18	**b)** kgV (3, 4) = 12 **e)** kgV (6, 8) = 24	**c)** kgV (4, 8) = 8			
164	**a)** kgV (12, 15) = 60 **d)** kgV (15, 25) = 75	**b)** kgV (9, 12) = 36 **e)** kgV (10, 16) = 80	**c)** kgV (7, 8) = 56			
165	**a)** 20	**b)** 36	**c)** 12	**d)** 91		
166	**a)** 20	**b)** 24	**c)** 70	**d)** 165		
167	**a)** 21	**b)** 63	**c)** 45	**d)** 42		
168	**a)** 30	**b)** 60	**c)** 100	**d)** 150		
169	Beide Kinder kommen jeden 12. Tag.					
170	Während Mia 3 Schritte braucht, um 120 cm zurückzulegen, braucht Stefan nur 2 Schritte.					
171	Jeden 6. Tag spielt Eva Klavier und geht Eislaufen.					
172	**a)** 12	**b)** 20	**c)** 10	**d)** 45		
173	**a)** 36	**b)** 50	**c)** 70	**d)** 32		
174	**a)** 30	**b)** 12	**c)** 24	**d)** 60		
175	**a)** 30	**b)** 36	**c)** 24	**d)** 120		
176	**a)** 36	**b)** 60	**c)** 6			
177	**a)** 16	**b)** 60	**c)** 120			
178	**a)** jeden 20. Tag	**b)** jeden 6. Tag	**c)** jeden 30. Tag	**d)** jeden 30. Tag	**e)** jeden 60. Tag	
179	**a)** 48	**b)** 198	**c)** 150	**d)** 160		

180 **a)** 320 **b)** 315 **c)** 539 **d)** 1 152

181 **a)** 120 **b)** 75 **c)** 80 **d)** 105

182 **a)** 64 **b)** 625 **c)** 1 984 **d)** 1 680

183 **a)** 156 **b)** 600 **c)** 300 **d)** 1 323

184 **a)** 240 **b)** 360 **c)** 30 030 **d)** 240

185 **a)** 8.45 Uhr; 9.45 Uhr usw. **b)** 10.15 Uhr; 12.45 Uhr usw.

186 — **187** — **188** —

Die Bruchrechnung

189

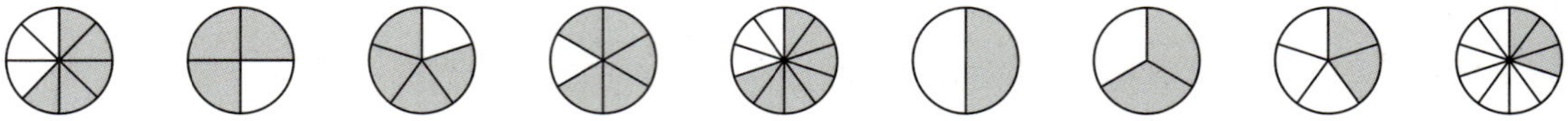

$\frac{5}{8}$ $\frac{3}{4}$ $\frac{4}{5}$ $\frac{5}{6}$ $\frac{7}{10}$ $\frac{1}{2}$ $\frac{2}{3}$ $\frac{2}{5}$ $\frac{3}{10}$

190

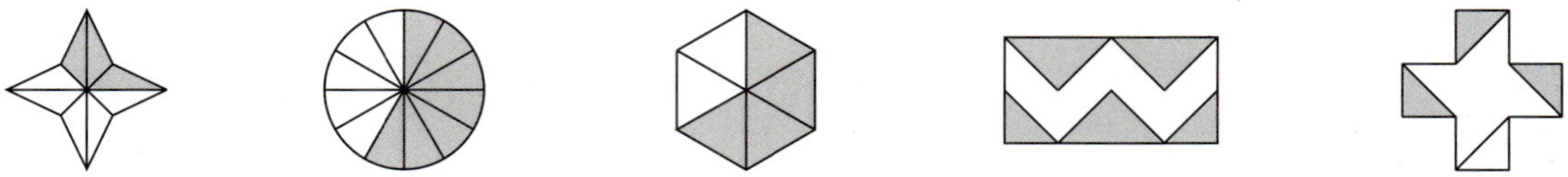

191 **a)** $\frac{1}{10}$; $\frac{7}{8}$; $\frac{4}{5}$; $\frac{3}{4}$; $\frac{1}{2}$; $\frac{1}{5}$; $\frac{2}{7}$; $\frac{1}{8}$; $\frac{7}{100}$; $\frac{1}{6}$; $\frac{97}{100}$ **b)** $\frac{5}{4}$; $\frac{8}{4}$; $\frac{12}{3}$; $\frac{15}{5}$; $\frac{20}{8}$; $\frac{21}{7}$; $\frac{5}{2}$; $\frac{40}{8}$

c) $\frac{8}{4}$; $\frac{12}{3}$; $\frac{15}{5}$; $\frac{21}{7}$; $\frac{40}{8}$ **d)** $\frac{1}{10}$; $\frac{1}{2}$; $\frac{1}{5}$; $\frac{1}{8}$; $\frac{1}{6}$ **e)** $\frac{1}{10}$; $\frac{7}{100}$; $\frac{97}{100}$

192 **a)** $2\frac{2}{5}$ **b)** $2\frac{5}{6}$ **c)** $6\frac{1}{4}$ **d)** $2\frac{5}{7}$ **e)** $1\frac{2}{3}$ **f)** $1\frac{3}{8}$

193 **a)** $\frac{11}{3}$ **b)** $\frac{22}{5}$ **c)** $\frac{19}{8}$ **d)** $\frac{41}{7}$ **e)** $\frac{11}{6}$ **f)** $\frac{11}{4}$

194 **a)** Erweitern mit 4 **b)** Erweitern mit 3

195 $\frac{2}{3} = \frac{4}{6} = \frac{8}{12}$

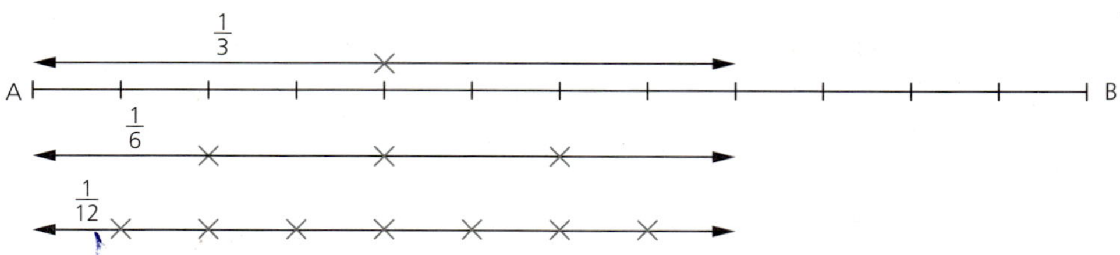

196 **a)** $\frac{1}{2} = \frac{2}{4} = \frac{3}{6} = \frac{4}{8} = \frac{5}{10} = \frac{6}{12}$ **b)** $\frac{1}{3} = \frac{2}{6} = \frac{3}{9} = \frac{4}{12} = \frac{5}{15} = \frac{6}{18}$

c) $\frac{2}{3} = \frac{4}{6} = \frac{6}{9} = \frac{8}{12} = \frac{10}{15} = \frac{12}{18}$ **d)** $\frac{3}{4} = \frac{6}{8} = \frac{9}{12} = \frac{12}{16} = \frac{15}{20} = \frac{18}{24}$

197 **a)** $\frac{1}{4} = \frac{2}{8} = \frac{3}{12} = \frac{4}{16} = \frac{5}{20} = \frac{6}{24} = \frac{10}{40} = \frac{100}{400}$ **b)** $\frac{2}{5} = \frac{4}{10} = \frac{6}{15} = \frac{8}{20} = \frac{10}{25} = \frac{12}{30} = \frac{20}{50} = \frac{200}{500}$

c) $\frac{5}{4} = \frac{10}{8} = \frac{15}{12} = \frac{20}{16} = \frac{25}{20} = \frac{30}{24} = \frac{50}{40} = \frac{500}{400}$ **d)** $\frac{4}{3} = \frac{8}{6} = \frac{12}{9} = \frac{16}{12} = \frac{20}{15} = \frac{24}{18} = \frac{40}{30} = \frac{400}{300}$

198 **a)** 4 **b)** 3 **c)** 5 **d)** 5 **e)** 7

199 **a)** $\frac{4}{6}$ **b)** $\frac{6}{8}$ **c)** $\frac{15}{6}$ **d)** $\frac{12}{16}$ **e)** $\frac{9}{21}$ **f)** $\frac{40}{64}$

200 a) $\frac{6}{12}$ b) $\frac{9}{12}$ c) $\frac{4}{12}$ d) $\frac{10}{12}$ e) $\frac{8}{12}$
f) $\frac{2}{12}$ g) $\frac{15}{12}$ h) $\frac{3}{12}$ i) $\frac{20}{12}$ j) $\frac{14}{12}$

201 a) $\frac{2}{3} = \frac{6}{9} = \frac{10}{15} = \frac{18}{27} = \frac{30}{45}$

202 a) $T_{100} = \{1, 2, 4, 5, 10, 20, 25, 50, 100\}$
b) z. B.: $\frac{3}{4}$; $\frac{2}{5}$; $\frac{7}{20}$; $\frac{19}{25}$; $\frac{13}{50}$ c) z. B.: $\frac{2}{3}$; $\frac{5}{7}$; $\frac{8}{11}$

203 a) $\frac{50}{100}$ b) $\frac{25}{100}$ c) $\frac{20}{100}$ d) $\frac{75}{100}$ e) $\frac{70}{100}$
f) $\frac{15}{100}$ g) $\frac{55}{100}$ h) $\frac{16}{100}$ i) $\frac{6}{100}$ j) $\frac{80}{100}$

204 a) $\frac{4}{10}$; $\frac{8}{10}$; $\frac{5}{10}$; $\frac{6}{10}$; $\frac{2}{10}$ b) $\frac{70}{1\,000}$; $\frac{76}{1\,000}$; $\frac{6}{1\,000}$; $\frac{220}{1\,000}$; $\frac{112}{1\,000}$

205 a) $\frac{12}{3a}$ b) $\frac{15}{10u}$ c) $\frac{7t}{21u}$ d) $\frac{15}{6x}$

206 a) 3 w b) 12 p c) 5 z d) 15 e) 8 s f) 20

207 Probe nicht möglich; wäre $\frac{5}{0} = 0$, Probe $0 \cdot 0 \neq 5$; wäre $\frac{5}{0} = 5$, Probe $5 \cdot 0 \neq 5$

208 $\frac{8}{16} = \frac{4}{8} = \frac{2}{4} = \frac{1}{2}$

209 $\frac{4}{12} = \frac{2}{6} = \frac{1}{3}$

210 a)
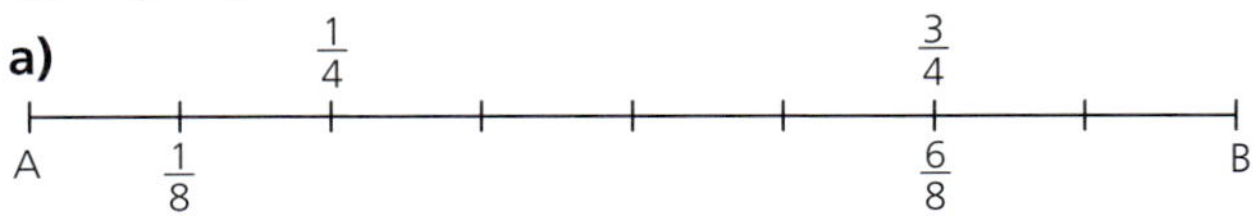

b)
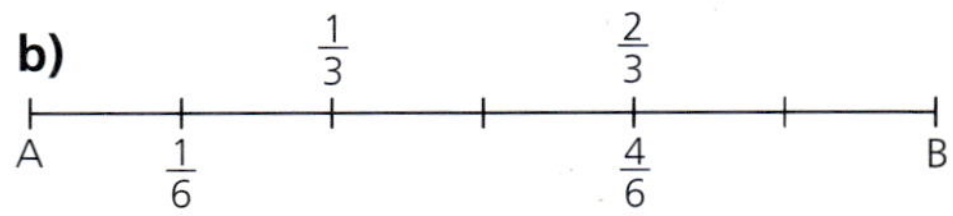

c)
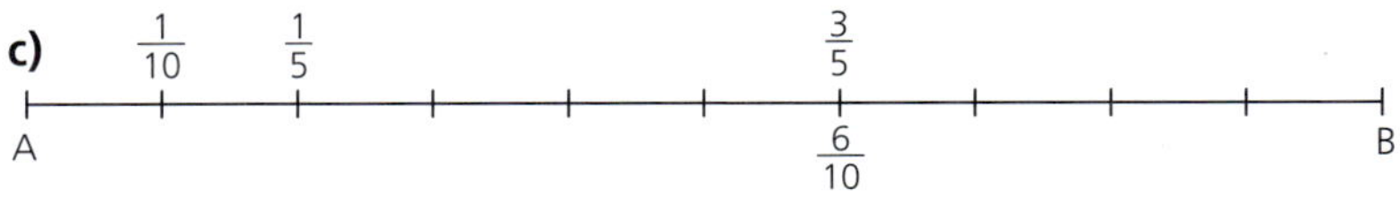

211 b) $\frac{2}{3}$ c) $\frac{2}{3}$ d) $\frac{3}{4}$ e) $\frac{3}{4}$ f) $\frac{1}{3}$

212 a) 3 b) 4 c) 5 d) 7 e) 9 f) 4

213 a) $\frac{1}{3}$ b) $\frac{2}{3}$ c) $\frac{2}{3}$ d) $\frac{2}{5}$ e) $\frac{2}{5}$ f) $\frac{7}{4}$

214 a) $\frac{1}{5}$ b) $\frac{3}{4}$ c) $\frac{2}{3}$ d) $\frac{4}{3}$ e) $\frac{10}{7}$ f) $\frac{2}{3}$

215 a) $\frac{2}{3}$ b) $\frac{4}{5}$ c) $\frac{3}{4}$ d) $\frac{6}{7}$ e) $\frac{5}{3}$ f) $\frac{8}{3}$ g) $\frac{10}{11}$ h) $\frac{8}{5}$ i) $\frac{4}{9}$

216 a) $\frac{3}{4}$ b) $\frac{5}{8}$ c) $\frac{2}{7}$ d) $\frac{5}{6}$ e) $\frac{4}{7}$ f) $\frac{7}{6}$ g) $\frac{9}{4}$ h) $\frac{3}{5}$ i) $\frac{1}{6}$

217 a) $\frac{1}{2}$ b) $\frac{2}{3}$ c) $\frac{1}{2}$ d) $\frac{2}{3}$ e) $\frac{2}{3}$

218 a) $\frac{2}{3}$ b) $\frac{2}{3}$ c) $\frac{3}{4}$ d) $\frac{3}{4}$ e) $\frac{1}{3}$ f) $\frac{7}{9}$ g) $\frac{1}{4}$ h) $\frac{5}{6}$ i) $\frac{2}{3}$

219 a) $\frac{1}{6}$ b) $\frac{9}{8}$ c) $\frac{4}{5}$ d) $\frac{1}{5}$ e) $\frac{1}{12}$ f) $\frac{4}{3}$ g) $\frac{1}{5}$ h) $\frac{6}{7}$ i) $\frac{1}{5}$

220 a) $\frac{10}{20}$ b) $\frac{8}{10}$ c) $\frac{10}{6}$ d) $\frac{6}{9}$

221 a) $\frac{a}{2}$ b) $\frac{2x}{3}$ c) $\frac{b}{3}$ d) 3 z e) $\frac{3r}{4}$ f) $\frac{y}{2}$

222 a) $\frac{1}{2} = \frac{2}{4} = \frac{4}{8} = \frac{8}{16}$ b) $\frac{8}{12} = \frac{4}{6} = \frac{2}{3}$

223 a) 16 b) 5 c) 18 d) 3 e) 56 f) 9

224 a) 27 b) 2 c) 72 d) 5 e) 70 f) 5

225 a) $\frac{3}{6}$; $\frac{5}{6}$ b) $\frac{6}{9}$; $\frac{5}{9}$ c) $\frac{4}{6}$; $\frac{21}{6}$ d) $\frac{9}{15}$; $\frac{7}{15}$ e) $\frac{15}{20}$; $\frac{4}{20}$ f) $\frac{2}{4}$; $\frac{5}{4}$ g) $\frac{10}{16}$; $\frac{1}{16}$

226 a) $\frac{9}{12}$; $\frac{10}{12}$ b) $\frac{20}{24}$; $\frac{9}{24}$ c) $\frac{3}{18}$; $\frac{8}{18}$ d) $\frac{18}{45}$; $\frac{5}{45}$ e) $\frac{15}{20}$; $\frac{6}{20}$ f) $\frac{9}{12}$; $\frac{4}{12}$ g) $\frac{15}{40}$; $\frac{36}{40}$

227 **a)** $\frac{12}{8}$; $\frac{2}{8}$; $\frac{5}{8}$ **b)** $\frac{9}{6}$; $\frac{2}{6}$; $\frac{7}{6}$ **c)** $\frac{36}{24}$; $\frac{20}{24}$; $\frac{9}{24}$ **d)** $\frac{4}{24}$; $\frac{9}{24}$; $\frac{14}{24}$ **e)** $\frac{30}{50}$; $\frac{35}{50}$; $\frac{1}{50}$

228 **a)** $\frac{15}{30}$; $\frac{20}{30}$; $\frac{18}{30}$ **b)** $\frac{8}{12}$; $\frac{3}{12}$; $\frac{10}{12}$ **c)** $\frac{40}{60}$; $\frac{15}{60}$; $\frac{36}{60}$ **d)** $\frac{35}{70}$; $\frac{42}{70}$; $\frac{20}{70}$ **e)** $\frac{24}{36}$; $\frac{27}{36}$; $\frac{28}{36}$

229 $\frac{15}{20} = \frac{12}{16} = \frac{6}{8} = \frac{3}{4} = \frac{9}{12}$; $\frac{1}{4} = \frac{4}{16} = \frac{25}{100}$; $\frac{1}{2} = \frac{10}{20} = \frac{8}{16} = \frac{2}{4}$

230 —

231 **a)** 9, 12, 32, 42, 64, 125 **b)** 3, 6, 15, 16, 25, 50

232 **a)** 16, 20, 32, 40, 60, 80 **b)** 6, 12, 30, 15, 60, 210

233 27

234 **a)** 24 cm **b)** 45 kg **c)** 160 € **d)** 8 € **e)** 200 m

235 108 Zuseher

236 **a)** 405 kg **b)** 28 € **237** **a)** 380 km **b)** 60 min

238 **a)** 9 € **b)** 9,6 € **c)** 15,2 € **d)** 1,6 €

239 **a)** 20 **b)** 25

240 **a)** $\frac{1}{3}$ **b)** $\frac{1}{5}$ **c)** $\frac{3}{10}$

241 $\frac{1}{4}$; $\frac{5}{17}$; $\frac{18}{25}$; $\frac{1}{2}$; $\frac{1}{6}$; $\frac{2}{3}$; $\frac{5}{6}$; $\frac{2}{3}$

242 $\frac{1}{20}$ kg; $\frac{3}{25}$ kg; $\frac{1}{4}$ kg; $\frac{1}{2}$ kg; $\frac{3}{4}$ kg; $\frac{9}{20}$ kg; $\frac{9}{10}$ kg

243 $\frac{4}{9}$

244 Karla: $\frac{15}{50} = 0{,}3$ $<$ Tobias: $\frac{13}{40} = 0{,}325$

245 $233{,}\dot{3}$ Mio. Liter

246 endliche Dezimalzahlen: 0,4; 9,67; 3,572; 1,46; 3,6; 0,05
rein periodische Dezimalzahlen: $0{,}\dot{4}$; $0{,}\dot{5}\dot{8}$; $0{,}\dot{4}7\dot{2}$; $3{,}\dot{4}7\dot{2}$; $0{,}\dot{9}$; $0{,}\dot{7}\dot{6}$; $2{,}\overline{478}$
gemischt periodische Dezimalzahlen: $0{,}05\dot{7}\dot{4}$; $8{,}4\dot{7}$; $0{,}0\dot{5}$; $0{,}4\dot{1}$; $0{,}0\dot{4}$; $0{,}7\dot{5}$

247 **a)** 0,8 **b)** 0,125 **c)** 0,625 **d)** 0,4 **e)** 2,25 **f)** 3,1 **g)** 2,3 **h)** 1,15 **i)** 7,2

248 **a)** $1{,}\dot{6}$ **b)** 0,25 **c)** 0,4 **d)** 0,875 **e)** $0{,}\dot{2}$ **f)** 4,5 **g)** $0{,}\dot{0}\dot{1}$ **h)** 1,125 **i)** $1{,}1\dot{6}$

249 **a)** $0{,}\overline{54}$ **b)** $0{,}2\dot{2}\dot{7}$ **c)** $0{,}\overline{24}$ **d)** $0{,}\overline{378}$ **e)** $0{,}\overline{594}$ **f)** $0{,}\overline{19512}$

250 **a)** $a < b$ **b)** $a > b$ **c)** $b \mid a$

251 **a)** 3,675555 **b)** 4,555555 **c)** 67,366666 **d)** 0,454545
e) 6,314141 **f)** 0,564564 **g)** 4,867777 **h)** 34,028333

252 **a)** 0,8 (0,78) **b)** 0,3 (0,25) **c)** 2,6 (2,64) **d)** 0,6 (0,62)
e) 3,4 (3,38) **f)** 7,7 (7,65) **g)** 7,0 (6,96) **h)** 7,1 (7,07)

253 **a)** $0{,}\dot{1}$ **b)** $0{,}\dot{2}$ **c)** $0{,}\dot{3}$ **d)** $0{,}\dot{4}$ **e)** $0{,}\dot{5}$
f) $0{,}\dot{6}$ **g)** $0{,}\dot{7}$ **h)** $0{,}\dot{8}$ **i)** $1{,}\dot{2}$ $\left(1\frac{2}{9}\right)$

254 **a)** $0{,}\dot{0}\dot{1}$ **b)** $0{,}\dot{0}\dot{2}$ **c)** $0{,}\dot{0}\dot{3}$ **d)** $0{,}\dot{4}\dot{1}$ **e)** $0{,}\dot{1}\dot{3}$
f) $0{,}\dot{2}\dot{9}$ **g)** $1{,}\dot{7}\dot{4}$ $\left(1\frac{74}{99}\right)$ **h)** $2{,}\dot{1}\dot{9}$ $\left(2\frac{19}{99}\right)$ **i)** $3{,}\dot{0}\dot{3}$ $\left(3\frac{3}{99}\right)$
Der Zähler ist die Periode, der Nenner hat so viele Neuner, wie die Periode Ziffern enthält.

255 **a)** $1{,}\dot{1}4285\dot{7}$ **b)** $0{,}\dot{2}8571\dot{4}$ **c)** $0{,}\dot{4}2857\dot{1}$ **d)** $0{,}\dot{5}7142\dot{8}$ **e)** $0{,}\dot{7}1428\dot{5}$
f) $0{,}\dot{8}5714\dot{2}$ **g)** $1{,}\dot{5}7142\dot{8}$ **h)** $1{,}\dot{8}5714\dot{2}$ **i)** $2{,}\dot{8}5714\dot{2}$

j) Die Ziffernfolge der Periode ist jeweils gleich, allerdings ist die Startziffer der Periode bzw. die Vorkommastelle unterschiedlich.

256 **a)** $\frac{3}{8} = 0{,}375 < \frac{2}{5} = 0{,}4 < \frac{3}{7} \approx 0{,}43 < \frac{1}{2} = 0{,}5 < \frac{6}{10} = 0{,}6$

b) $\frac{5}{8} = 0{,}625 < \frac{2}{3} = 0{,}\dot{6} < \frac{7}{10} = 0{,}7 < \frac{7}{9} = 0{,}\dot{7} < \frac{4}{5} = 0{,}8$

257 **a)** $\frac{3}{10}$ **b)** $\frac{7}{10}$ **c)** $\frac{1}{5}$ **d)** $\frac{3}{4}$ **e)** $\frac{1}{2}$ **f)** $\frac{17}{100}$ **g)** $\frac{19}{50}$

258 **a)** $\frac{7}{5}$ **b)** $\frac{13}{5}$ **c)** $\frac{5}{2}$ **d)** $\frac{101}{20}$ **e)** $\frac{21}{5}$ **f)** $\frac{91}{25}$ **g)** $\frac{339}{20}$

259 **a)** $\frac{1}{9}$ **b)** $\frac{7}{9}$ **c)** $\frac{1}{3}$ **d)** $\frac{8}{9}$ **e)** $\frac{2}{9}$ **f)** 1 **g)** $\frac{5}{9}$

260 **a)** $\frac{4}{33}$ **b)** $\frac{49}{99}$ **c)** $\frac{3}{11}$ **d)** $\frac{5}{11}$ **e)** $\frac{8}{11}$ **f)** $\frac{19}{99}$ **g)** $\frac{37}{99}$

261 $\frac{3}{10} = 0{,}3 < \frac{1}{3} = 0{,}\dot{3}$

262 —

263

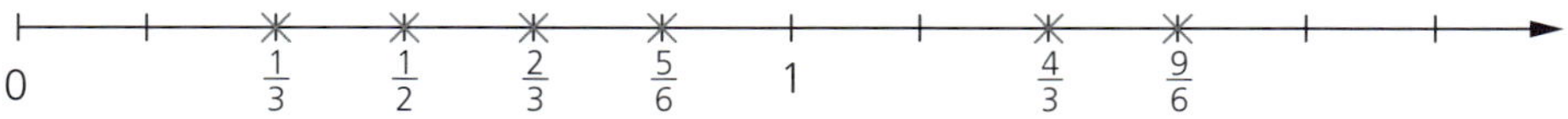

264 **a)**

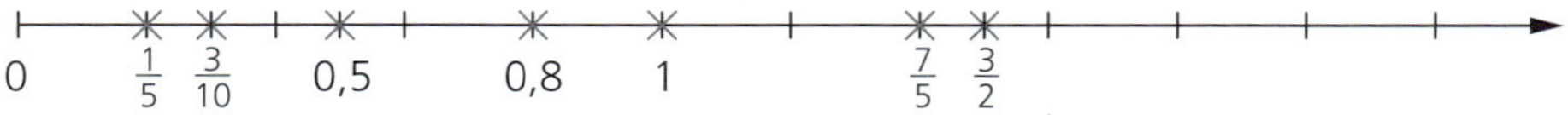

b)

265 **a)** $\frac{1}{3}$; $\frac{2}{3}$; $\frac{5}{6}$ bzw $0{,}\dot{3}$; $0{,}\dot{6}$; $0{,}8\dot{3}$ **b)** $\frac{1}{5}$; $\frac{4}{5}$; $1\frac{2}{5}$ bzw 0,2 ; 0,8 ; 1,4

266 **a)** $\frac{1}{4}$; $\frac{1}{3}$; $\frac{2}{3}$; $\frac{11}{12}$ bzw 0,25 ; $0{,}\dot{3}$; $0{,}\dot{6}$; $0{,}91\dot{6}$ **b)** $\frac{3}{4}$; $\frac{3}{2}$; $\frac{9}{4}$; $\frac{7}{2}$ bzw 0,75 ; 1,5 ; 2,25 ; 3,5

267 **a)** $>$ **b)** $<$ **c)** $=$ **d)** $=$

268 **a)** $\frac{1}{5} < \frac{3}{5} < \frac{4}{5}$ **b)** $\frac{1}{3} < \frac{2}{3} < \frac{4}{3} < \frac{5}{3}$ **c)** $\frac{1}{7} < \frac{3}{7} < \frac{4}{7} < \frac{5}{7}$ **d)** $\frac{1}{8} < \frac{2}{8} < \frac{5}{8} < \frac{7}{8}$ **e)** $\frac{2}{9} < \frac{4}{9} < \frac{5}{9} < \frac{11}{9}$

269 **a)** $\frac{1}{2} < \frac{3}{4}$ **b)** $\frac{3}{4} < \frac{7}{8}$ **c)** $\frac{1}{2} < \frac{5}{8}$ **d)** $\frac{1}{4} < \frac{3}{8}$ **e)** $\frac{5}{8} < \frac{5}{6}$ **f)** $\frac{1}{4} < \frac{1}{3}$ **g)** $\frac{2}{5} < \frac{3}{4}$

270 **a)** $\frac{2}{3} < \frac{3}{4} < \frac{7}{8}$ **b)** $\frac{1}{2} < \frac{3}{5} < \frac{2}{3}$ **c)** $\frac{3}{4} < \frac{4}{5} < \frac{5}{6}$ **d)** $\frac{7}{6} < \frac{6}{5} < \frac{4}{3}$ **e)** $\frac{4}{10} < \frac{1}{2} < \frac{3}{5}$ **f)** $\frac{2}{3} < \frac{3}{4} < \frac{5}{6}$

271 kleiner als $\frac{2}{3}$: $\frac{1}{6}$; $\frac{1}{4}$; $\frac{1}{3}$; $\frac{1}{2}$ größer als $1\frac{1}{4}$: $\frac{4}{3}$; $\frac{3}{2}$; $\frac{5}{3}$; $\frac{7}{4}$; $\frac{11}{6}$; 2

272 kleinsten

273 **a)** $\frac{1}{2} > \frac{1}{3}$ **b)** $\frac{2}{3} > \frac{2}{5}$ **c)** $\frac{5}{6} > \frac{5}{9}$ **d)** $\frac{3}{7} > \frac{3}{8}$ **e)** $\frac{10}{7} < \frac{10}{3}$ **f)** $\frac{8}{15} < \frac{8}{9}$

274 z. B.: **a)** $\frac{1}{3}$; $\frac{1}{7}$ **b)** $\frac{3}{8}$; $\frac{1}{8}$ **c)** $\frac{4}{9}$; $\frac{2}{9}$ **d)** $\frac{7}{8}$; $\frac{3}{8}$ **e)** $\frac{15}{16}$; $\frac{13}{16}$ **f)** $\frac{11}{12}$; $\frac{3}{4}$

g) $\frac{7}{8}$; $\frac{5}{8}$ **h)** $\frac{3}{4}$; $\frac{13}{20}$

275 z. B.: **a)** $\frac{1}{3}$; $\frac{1}{4}$; $\frac{1}{5}$; $\frac{1}{6}$; $\frac{1}{7}$ **b)** $\frac{5}{8}$; $\frac{3}{4}$; $\frac{9}{16}$; $\frac{11}{16}$; $\frac{13}{16}$ **c)** $\frac{13}{10}$; $\frac{27}{20}$; $\frac{7}{5}$; $\frac{31}{20}$; $\frac{8}{5}$

d) $\frac{3}{10}$; $\frac{2}{5}$; $\frac{1}{2}$; $\frac{3}{5}$; $\frac{7}{10}$ **e)** $\frac{2}{5}$; $\frac{1}{2}$; $\frac{3}{5}$; $\frac{2}{3}$; $\frac{7}{10}$

276 **a)** $\frac{28}{29} < \frac{29}{28}$ **b)** $\frac{17}{18} < \frac{18}{17}$

277 $\frac{n}{n+1} < \frac{n}{n} < \frac{n+1}{n}$; zum Beispiel: $\frac{3}{4} < \frac{3}{3} < \frac{4}{3}$

278 **a)** $0{,}3333 > 0{,}3000$ **b)** $0{,}5555 > 0{,}5000$ **c)** $0{,}9999 > 0{,}9000$

d) $0{,}7878 > 0{,}7800$ **e)** $1{,}4141 > 1{,}4100$

279 **a)** $\frac{3}{5} > \frac{1}{2}$ **b)** $\frac{11}{19} > \frac{1}{2}$ **c)** $\frac{4}{9} < \frac{1}{2}$ **d)** $\frac{7}{15} < \frac{1}{2}$ **e)** $\frac{20}{41} < \frac{1}{2}$ **f)** $\frac{3}{7} < \frac{1}{2}$

g) $\frac{6}{13} < \frac{1}{2}$ **h)** $\frac{12}{25} < \frac{1}{2}$

280 —

281 **a)** 2 **b)** $1\frac{1}{2}$ **c)** $1\frac{1}{3}$ **d)** $1\frac{1}{2}$ **e)** $1\frac{2}{5}$

282 **a)** $1\frac{2}{3}$ **b)** $\frac{1}{4}$ **c)** $\frac{3}{5}$ **d)** $\frac{2}{3}$ **e)** $1\frac{1}{2}$

283 **a)** 4 **b)** $3\frac{1}{3}$ **c)** $5\frac{1}{2}$ **d)** $5\frac{1}{2}$ **e)** $4\frac{1}{7}$

284 **a)** $\frac{7}{16}+\frac{6}{16}=\frac{13}{16};\ 1-\frac{13}{16}=\frac{3}{16}$ **b)** $\frac{7}{12}+\frac{1}{12}=\frac{2}{3};\ 1-\frac{2}{3}=\frac{1}{3}$
c) $\frac{7}{20}+\frac{9}{20}=\frac{4}{5};\ 1-\frac{4}{5}=\frac{1}{5}$ **d)** $\frac{3}{8}+\frac{3}{8}=\frac{3}{4};\ 1-\frac{3}{4}=\frac{1}{4}$

285 **a)** $1\frac{7}{8}$ **b)** $2\frac{1}{5}$ **c)** $1\frac{4}{7}$

286 **a)** $1\frac{2}{3}$ **b)** $\frac{3}{5}$ **c)** $\frac{1}{2}$

287 $\frac{1}{3};\ \frac{2}{5};\ \frac{2}{7};\ \frac{3}{8};\ \frac{11}{6};\ \frac{7}{9};\ \frac{1}{12}$

288 **a)** $4\frac{1}{2}$ **b)** 2 **c)** $2\frac{3}{8}$

289 **a)** $\frac{1}{2}$ **b)** $1\frac{2}{7}$ **c)** $1\frac{1}{9}$ **d)** $2\frac{1}{5}$ **e)** $2\frac{5}{9}$

290 **a)** $\frac{1}{3}$ **b)** $\frac{2}{3}$ **c)** $\frac{5}{7}$ **d)** $\frac{2}{5}$ **e)** $\frac{6}{7}$

291 **a)** $\frac{4}{5}$ **b)** $\frac{1}{4}$ **c)** $2\frac{5}{6}$ **d)** $\frac{4}{7}$ **e)** $\frac{4}{7}$

292 **(1)** c) **(2)** b) **(3)** a)

293 **(1)** c) **(2)** d) **(3)** b) **(4)** a)

294 **a)** $1\frac{3}{10}$ **b)** $\frac{7}{8}$ **c)** $1\frac{1}{2}$

295 **a)** $\frac{1}{4}$ **b)** $\frac{1}{8}$ **c)** $\frac{1}{6}$ **d)** $\frac{1}{2}$ **e)** $\frac{7}{8}$

296 **a)** $4\frac{1}{4}$ **b)** $4\frac{4}{5}$ **c)** $6\frac{1}{10}$ **d)** $6\frac{5}{8}$ **e)** $5\frac{1}{6}$

297 **a)** $3\frac{1}{4}$ **b)** $2\frac{1}{8}$ **c)** $5\frac{1}{2}$ **d)** $2\frac{1}{12}$ **e)** $3\frac{1}{2}$

298 **a)** $\frac{3}{4}$ **b)** $\frac{1}{2}$ **c)** $1\frac{5}{6}$ **d)** $3\frac{8}{9}$ **e)** $\frac{3}{8}$

299 **a)** $\frac{7}{12}$ **b)** $\frac{11}{15}$ **c)** $1\frac{1}{20}$ **d)** $\frac{1}{2}$

300 **a)** $\frac{11}{12}$ **b)** $1\frac{1}{10}$ **c)** $1\frac{5}{24}$ **d)** $1\frac{1}{20}$ **e)** $\frac{11}{14}$

301 **a)** $\frac{11}{12}$ **b)** $\frac{7}{20}$ **c)** $\frac{1}{6}$ **d)** $\frac{1}{12}$ **e)** $\frac{3}{10}$

302 **a)** $3\frac{5}{6}$ **b)** $7\frac{1}{12}$ **c)** $3\frac{13}{20}$ **d)** $5\frac{14}{15}$ **e)** $4\frac{23}{30}$

303 **a)** $4\frac{1}{12}$ **b)** $1\frac{3}{10}$ **c)** $3\frac{5}{12}$ **d)** $1\frac{19}{30}$ **e)** $2\frac{5}{12}$

304 **a)** $1\frac{5}{6}$ **b)** $1\frac{11}{12}$ **c)** $2\frac{7}{10}$ **d)** $\frac{13}{20}$ **e)** $1\frac{29}{40}$

305 **a)** $6\frac{1}{2}$ **b)** $2\frac{4}{9}$ **c)** $\frac{2}{3}$ **d)** $5\frac{1}{6}$ **e)** $\frac{11}{24}$

306 **a)** richtig **b)** richtig **c)** falsch ($3\frac{1}{6}$) **d)** falsch ($1\frac{9}{10}$)

307 **a)** $1\frac{1}{12}$ **b)** $1\frac{5}{24}$ **c)** $\frac{17}{40}$ **d)** $\frac{17}{20}$ **e)** $1\frac{7}{12}$

308 **a)** $\frac{7}{12}$ **b)** $\frac{11}{15}$ **c)** $\frac{11}{24}$ **d)** $\frac{3}{8}$ **e)** $\frac{7}{18}$

309 **a)** $3\frac{11}{12}$ **b)** $4\frac{13}{24}$ **c)** $8\frac{13}{40}$ **d)** $7\frac{7}{24}$ **e)** $3\frac{17}{40}$

310 **a)** $3\frac{13}{20}$ **b)** $1\frac{11}{24}$ **c)** $4\frac{21}{40}$ **d)** $1\frac{11}{24}$ **e)** $2\frac{17}{24}$

311 **a)** $1\frac{5}{12}$ **b)** $1\frac{19}{24}$ **c)** $3\frac{7}{20}$ **d)** $1\frac{13}{18}$ **e)** $1\frac{11}{20}$

312 **a)** $\frac{1}{6}$ **b)** $\frac{1}{12}$ **c)** $\frac{1}{60}$ **d)** $\frac{1}{24}$ **e)** $\frac{3}{40}$ **f)** $\frac{1}{10}$ **g)** $\frac{5}{12}$

313

$\frac{1}{3}$	$\frac{3}{4}$	$\frac{1}{6}$
$\frac{1}{4}$	$\frac{5}{12}$	$\frac{7}{12}$
$\frac{2}{3}$	$\frac{1}{12}$	$\frac{1}{2}$

314 z. B.: $\frac{1}{2} + \frac{5}{8} + \frac{1}{4} + \frac{7}{24} + \frac{1}{3}$; $\frac{5}{12} + \frac{3}{4} + \frac{5}{6}$

315 **a)** $\frac{11}{30}$ **b)** $\frac{1}{8}$ **c)** $\frac{15}{14}$ **d)** $\frac{13}{20}$ **e)** $\frac{23}{30}$

316 **a)** $\frac{7}{6}$ **b)** $\frac{2}{5}$ **c)** $\frac{1}{4}$ **d)** $\frac{17}{12}$ **e)** $\frac{17}{30}$

317 **a)** $\frac{17}{12}$ **b)** $\frac{9}{10}$ **c)** $\frac{4}{3}$ **d)** $\frac{13}{12}$ **e)** $\frac{19}{15}$

318 $\frac{5}{4} = \frac{10}{8} = 1\frac{1}{4} = 1{,}25$

319 **a)** $1\frac{11}{20}$ **b)** $4\frac{3}{8}$ **c)** $2\frac{5}{14}$ **d)** $6\frac{1}{12}$

320 **a)** $\frac{1}{2}$ **b)** $\frac{3}{8}$ **c)** $1\frac{11}{12}$ **d)** $1\frac{7}{30}$

321 $\frac{1}{3}$

322 **a)** $\frac{3}{4}$; $\frac{7}{8}$; $\frac{15}{16}$; $\frac{31}{32}$; $\frac{63}{64}$ **b)** $\frac{4}{9}$; $\frac{13}{27}$; $\frac{40}{81}$; $\frac{121}{243}$; $\frac{364}{729}$

323 **a)** z. B.: $\frac{1}{3}$; $\frac{1}{4}$; $\frac{1}{5}$; $\frac{1}{6}$ **b)** z. B.: $\frac{1}{4}$; $\frac{1}{5}$; $\frac{1}{6}$; $\frac{2}{7}$ **c)** z. B.: $\frac{3}{10}$; $\frac{5}{12}$; $\frac{7}{20}$; $\frac{8}{15}$
d) z. B.: $\frac{1}{3}$; $\frac{3}{8}$; $\frac{2}{5}$; $\frac{7}{12}$ **e)** z. B.: $\frac{3}{4}$; $\frac{1}{2}$; $\frac{5}{6}$; $\frac{7}{10}$

324 **a)** $\frac{1}{8}$ **b)** $\frac{5}{12}$

325 **a)** 2 **b)** $1\frac{5}{8}$ **c)** $2\frac{4}{5}$

326 **a)** $2\frac{1}{2}$ **b)** 1 **c)** $1\frac{11}{12}$

327 **a)** $2\frac{1}{9}$ **b)** $2\frac{5}{6}$ **c)** $4\frac{1}{8}$

328 **a)** $1\frac{5}{12}$ **b)** $3\frac{5}{6}$ **c)** $3\frac{1}{24}$

329 $2\frac{3}{4}$

330 $6\frac{5}{12}$

331 $2\frac{29}{70}$

332 $3\frac{11}{12}$

333 **a)**

	$2\frac{5}{6}$	
$1\frac{1}{2}$		$1\frac{1}{3}$
$\frac{2}{3}$	$\frac{5}{6}$	$\frac{1}{2}$

b)

	$7\frac{1}{12}$	
4		$3\frac{1}{12}$
$2\frac{1}{4}$	$1\frac{3}{4}$	$1\frac{1}{3}$

c)

	$12\frac{1}{2}$	
$6\frac{5}{8}$		$5\frac{7}{8}$
$2\frac{3}{4}$	$3\frac{7}{8}$	2

334 Nein. Lilly hat nur $\frac{19}{20}$ l getrunken.

335 $5\frac{5}{8}$ kg

336 **a)** $2\frac{7}{8}$ l **b)** 22 l **c)** $9\frac{7}{20}$ l

337 **a)** 13 kg **b)** $2\frac{3}{4}$ kg

338 $11\frac{1}{4}$ Jahre (= 11 Jahre 3 Monate)

339 $18\frac{5}{6}$ Jahre (= 18 Jahre 10 Monate)

340 $18\frac{1}{4}$ Jahre (= 18 Jahre 3 Monate)

341 **a)** $\frac{11}{12}$ Jahre = 11 Monate **b)** $1\frac{7}{12}$ Jahre = 1 Jahr und 7 Monate

342 Nicole: $12\frac{5}{6}$ Jahre = 12 Jahre und 10 Monate; Fanny: $14\frac{1}{12}$ Jahre = 14 Jahre und 1 Monat

343 $\frac{1}{4}$

344 $1\frac{7}{12}$ t

345 Tasche 1: Kartoffeln, Milch, Brot oder Tasche 1: Kartoffeln, Äpfel, 1 Packung Butter

346 —

347 $\frac{2}{3} + \frac{1}{3} = 1$, daher ist der Topf voll

348 1,1 kg

349 Ella: 1,5 km; Paul: 1,25 km; Samed: 1 km

350 **a)** $\frac{1}{4}$; 600 €

351 15 cm; $\frac{2}{15}$ oder 300 €

352 2 625 €

353 $\frac{1}{2} + \frac{1}{4} + \frac{1}{8} + \frac{1}{10} = \frac{20 + 10 + 5 + 4}{40} = \frac{39}{40} < 1$;

Ali Baba musste sein Kamel dazugeben, damit 1 erreicht wird und die Aufteilung möglich ist. Die Kinder bekommen 20, 10, 5 und 4 Kamele. So ist das Testament nicht genau befolgt worden, aber die Zuteilung mit ganzen Kamelen ist möglich.

354 **a)** $4 \cdot \frac{1}{5} =$ **b)** $4 \cdot \frac{3}{4} =$

355 **a)** $1\frac{1}{2}$ **b)** 4 **c)** $2\frac{2}{3}$ **d)** $7\frac{1}{2}$ **e)** $7\frac{1}{2}$ **f)** 16

356 **a)** $4\frac{1}{5}$ **b)** $2\frac{3}{4}$ **c)** 22 **d)** $15\frac{3}{4}$ **e)** $7\frac{3}{4}$ **f)** $17\frac{5}{11}$

357 **a)** 144 m **b)** 82 kg **c)** 93 m^2 **d)** 69 km

358 **a)** $\frac{4}{13}$; $\frac{5}{25}$; $\frac{7}{13}$ **b)** $\frac{2}{3}$; $\frac{5}{24}$; $\frac{7}{8}$

359 **a)** $\frac{3}{5}$ **b)** $\frac{3}{16}$ **c)** $\frac{1}{7}$ **d)** $\frac{3}{5}$ **e)** $\frac{11}{3}$ **f)** $\frac{2}{5}$

360 **a)** $\frac{1}{4}$; $\frac{3}{10}$; $\frac{5}{12}$; $\frac{11}{18}$ **b)** $\frac{2}{9}$; $\frac{4}{15}$; $\frac{7}{6}$; $\frac{5}{18}$

361 **a)** $\frac{17}{18}$ **b)** $4\frac{7}{10}$ **c)** $\frac{31}{36}$ **d)** $1\frac{1}{18}$ **e)** $2\frac{4}{9}$ **f)** $\frac{3}{10}$

362 **a)** $1\frac{7}{16}$ **b)** $\frac{15}{28}$ **c)** $\frac{11}{15}$ **d)** $\frac{14}{15}$ **e)** $1\frac{14}{15}$ **f)** $1\frac{7}{12}$

363 —

364 **a)** $\frac{\overset{1}{\cancel{3}}}{\underset{5}{\cancel{15}}} \cdot \frac{6}{7} = \frac{6}{35}$ **b)** $\frac{\overset{4}{\cancel{12}}}{5} \cdot \frac{\overset{1}{\cancel{3}}}{\underset{1}{\cancel{9}}} = \frac{4}{5}$ **c)** $\frac{1}{\underset{2}{\cancel{8}}} \cdot \frac{\overset{3}{\cancel{12}}}{4} = \frac{3}{8}$

365 **a)** $\frac{3}{4} \cdot \frac{2}{3} = \frac{1}{2}$ **b)** $\frac{3}{4} \cdot \frac{5}{6} = \frac{5}{8}$

366 **a)** $\frac{8}{15}$ **b)** $\frac{15}{56}$ **c)** $1\frac{1}{9}$ **d)** $1\frac{1}{20}$

367 **a)** $\frac{3}{4}$ **b)** $\frac{3}{10}$ **c)** $\frac{3}{25}$ **d)** $\frac{10}{21}$ **e)** $\frac{3}{14}$ **f)** $\frac{4}{5}$

368 **a)** $\frac{4}{9}$ **b)** 1 **c)** $\frac{3}{5}$ **d)** $\frac{1}{6}$ **e)** $\frac{3}{4}$ **f)** $\frac{2}{9}$

369 **a)** $\frac{4}{15}$ **b)** $\frac{3}{10}$ **c)** $\frac{1}{3}$ **d)** $\frac{2}{3}$ **e)** $\frac{2}{5}$ **f)** $\frac{13}{18}$

370 1. Zeile: $\frac{3}{8}$; $\frac{1}{2}$; $\frac{9}{16}$; $\frac{3}{5}$; $\frac{5}{8}$; $\frac{9}{40}$; $\frac{1}{3}$ 2. Zeile: $\frac{5}{12}$; $\frac{5}{9}$; $\frac{5}{8}$; $\frac{2}{3}$; $\frac{25}{36}$; $\frac{1}{4}$; $\frac{10}{27}$

371 **a)** 4 **b)** 2 **c)** 9 **d)** 1 **e)** 3

372 **a)** $\frac{1}{12}$ **b)** $\frac{4}{7}$ **c)** $\frac{2}{3}$ **d)** $\frac{4}{9}$ **e)** $\frac{1}{3}$

373 **a)** $\frac{1}{18}$ **b)** $1\frac{1}{4}$ **c)** $\frac{1}{5}$ **d)** $\frac{9}{28}$ **e)** $\frac{1}{10}$

374 **a)** 1 **b)** $1\frac{1}{2}$ **c)** $\frac{6}{35}$ **d)** $\frac{3}{4}$ **e)** 3

375 **a)** 2 **b)** $1\frac{1}{6}$ **c)** $1\frac{5}{8}$ **d)** $\frac{4}{15}$ **e)** $1\frac{2}{5}$

376 **a)** $\frac{3}{4}$ **b)** $3\frac{2}{3}$ **c)** $7\frac{3}{4}$ **d)** $4\frac{1}{6}$ **e)** $3\frac{4}{5}$

377 **a)** $\frac{a}{6}$ **b)** $\frac{6x}{35}$ **c)** $\frac{9}{2c}$ **d)** $\frac{15}{2d}$ **e)** $\frac{5x}{12}$

378 **a)** $\frac{3a}{4d}$ **b)** $\frac{2z}{3}$ **c)** $\frac{2r}{5s}$ **d)** $\frac{4y}{15x}$ **e)** $\frac{1}{6}$

379 Kapitän Blackbeard soll den Vorschlag des anderen Piraten annehmen.

380 Deutsch-Hausübung: 36 min Lernzielkontrolle: 30 min Englischvokabeln: 24 min

381 —

382 **a)** $\frac{4}{15}$ **b)** $\frac{1}{2}$ **c)** $\frac{3}{10}$ **d)** $\frac{3}{8}$

383 **a)**

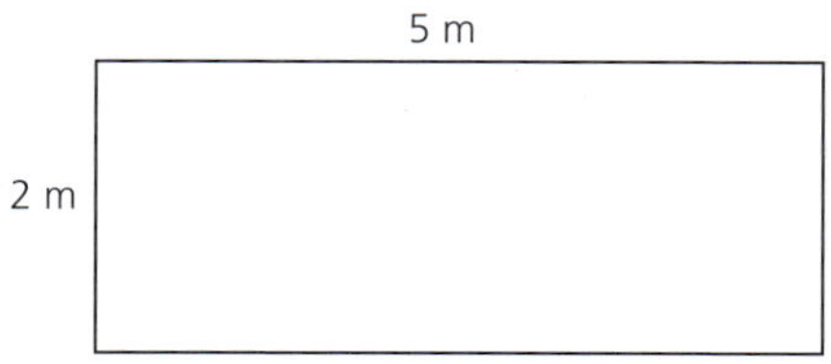

b) $\frac{1}{4}$ **c)** $\frac{9}{20}$

384 $\frac{3}{2}$; $\frac{7}{4}$; $\frac{9}{7}$; $\frac{10}{3}$ – unechte Brüche; $\frac{3}{8}$; $\frac{2}{5}$; $\frac{7}{12}$; $\frac{8}{15}$ – echte Brüche;
3, 5, 9, 10 – natürliche Zahlen; $\frac{1}{4}$; $\frac{1}{7}$; $\frac{1}{10}$; $\frac{1}{13}$ – Stammbrüche

385 **a)** $\frac{3}{2}$ **b)** $\frac{8}{7}$ **c)** 4 **d)** 12 **e)** $\frac{4}{7}$ **f)** $\frac{8}{19}$ **g)** $\frac{1}{4}$ **h)** $\frac{1}{7}$
Multipliziert man einen Bruch mit seinem Kehrwert, so ist das Ergebnis immer 1.

386 **a)** $\frac{3}{x}$ **b)** $\frac{y}{4}$ **c)** $\frac{b}{a}$ **d)** $\frac{z}{x}$ **e)** $\frac{q}{p}$
f) Multipliziert man einen Bruch mit seinem Kehrwert, so ist das Ergebnis immer 1.

387 **a)** $\frac{4}{15}$ **b)** $\frac{2}{15}$ **c)** $\frac{5}{18}$ **d)** $\frac{1}{21}$

388 **a)** $1\frac{1}{14}$ **b)** $\frac{3}{4}$ **c)** $\frac{5}{24}$ **d)** 10 **e)** $\frac{36}{49}$

389 **a)** $\frac{3}{4}$ **b)** $1\frac{1}{6}$ **c)** $\frac{1}{6}$ **d)** $4\frac{1}{2}$ **e)** $\frac{12}{35}$

390 **a)** $3\frac{1}{2}$ **b)** 22 **c)** 8 **d)** $13\frac{1}{8}$ **e)** 6

391 **a)** $7\frac{1}{2}$ **b)** 4 **c)** 12 **d)** $16\frac{1}{2}$ **e)** 18

392 **a)** $3\frac{7}{9}$ **b)** $1\frac{1}{5}$ **c)** $3\frac{7}{13}$ **d)** $1\frac{1}{3}$ **e)** 2

393 **a)** $7\frac{1}{2}$ **b)** $2\frac{1}{3}$ **c)** 12 **d)** 6 **e)** $3\frac{1}{2}$

394 **a)** $\frac{a}{8}$ **b)** $\frac{2x}{3}$ **c)** $\frac{5}{2}$ **d)** 4 **e)** $\frac{3}{2}$

395 **a)** $\frac{4ab}{25}$ **b)** $\frac{4}{y}$ **c)** $\frac{5}{2s}$ **d)** $\frac{4}{b}$ **e)** $\frac{13}{12x}$

396 z. B.: $\frac{2}{3} \cdot \frac{1}{2} = \frac{1}{3}$; $\frac{2}{3} : \frac{1}{2} = \frac{4}{3}$

397 Ja, er verdient jetzt mehr.

398 14 Flaschen

399 —

400 **a)** $\frac{5}{8}$ **b)** $\frac{3}{6}$ **c)** $\frac{1}{2}$ **d)** $\frac{1}{2}$ **e)** $\frac{5}{8}$

401 **a)** $\frac{7}{16}$ **b)** $\frac{9}{16}$ **c)** $\frac{17}{20}$ **d)** $\frac{41}{24}$ **e)** $\frac{7}{8}$

402 **a)** $\frac{17}{20}$ **b)** z. B.: $\frac{16}{20} = \frac{4}{5}$

403 **a)** $\frac{3}{8}$ **b)** z. B.: $\frac{5}{16}$

404 die unbeschrifteten Teilstriche sind: $\frac{1}{8}$; $\frac{9}{32}$; $\frac{5}{16}$; $\frac{11}{32}$; $\frac{27}{64}$; $\frac{7}{16}$; $\frac{15}{32}$; $\frac{5}{8}$

405 $\frac{7}{8}$ ist einer von unendlich vielen Nachfolgern.

406 **a)** $\frac{3}{4}$ **b)** $\frac{5}{8}$; $\frac{7}{8}$ **c)** $\frac{9}{16}$; $\frac{11}{16}$; $\frac{13}{16}$; $\frac{15}{16}$ **d)** nein, es gibt unendlich viele

407 z. B.: **a)** $\frac{5}{8}$ **b)** $\frac{5}{8}$ **c)** $\frac{1}{6}$ **d)** $\frac{41}{48}$

408 **a)** $\frac{9}{10}$ **b)** $1\frac{7}{12}$ **c)** $\frac{5}{14}$ **d)** 2

409 **a)** $5\frac{7}{12}$ **b)** $1\frac{13}{20}$ **c)** $6\frac{7}{8}$ **d)** $5\frac{19}{30}$

410 **a)** $\frac{1}{6}$ **b)** $\frac{5}{12}$ **c)** $\frac{15}{56}$ **d)** $\frac{8}{45}$ **e)** $\frac{21}{20} = 1\frac{1}{20}$ **f)** $\frac{5}{12}$

411 **a)** $3\frac{3}{4}$ **b)** $2\frac{1}{2}$ **c)** 26 **d)** $7\frac{4}{5}$ **e)** $5\frac{1}{3}$ **f)** $12\frac{1}{3}$

412 **a)** $\frac{1}{2}$ m **b)** $\frac{1}{2}$ t **c)** $2\frac{1}{10}$ km **d)** $\frac{3}{8}$ kg

413 **a)** $\frac{1}{6}$ **b)** $\frac{1}{15}$ **c)** $\frac{2}{5}$ **d)** $2\frac{6}{7}$ **e)** $7\frac{1}{2}$ **f)** $1\frac{3}{4}$

414 **a)** $1\frac{1}{2}$ **b)** $1\frac{1}{5}$ **c)** $\frac{6}{7}$ **d)** $\frac{1}{2}$ **e)** $\frac{44}{25}$ **f)** $\frac{4}{5}$

415 **a)** 51 **b)** 14 **c)** 15 **d)** 20 **e)** 72 **f)** 60

416 richtig: **a)** $1\frac{3}{20}$ **b)** 9

417 **a)** 1) $\frac{2}{5}$ 2) $\frac{5}{2}$ 3) $\frac{1}{4}$ 4) $\frac{4}{1} = 4$
b) Leerfeld oben: Wert des Bruchs = 0; Leerfeld unten: Division durch 0 ist verboten!

418 $\frac{23}{20}$; $\frac{7}{20}$; $\frac{3}{10}$; $\frac{15}{8}$

419 Subtraktion

420 Das Kommutativgesetz gilt nur für Addition und Multiplikation; Subtraktion: nicht ausführbar; Division: Ergibt den Kehrwert des vorigen Ergebnisses ($\frac{8}{15}$).

421 Summe: $1\frac{11}{15}$; Differenz: $\frac{14}{15}$; Produkt: $\frac{8}{15}$; Quotient: $3\frac{1}{3}$

422 Summe: $3\frac{5}{6}$; Subtraktion: nicht ausführbar; Produkt: $3\frac{1}{3}$; Quotient: $\frac{8}{15}$

423 —

424 Addition, Multiplikation, Division

425 Addition und Multiplikation

426 siehe 417 b)

427 **a)** $2\frac{7}{15}$; $\frac{17}{20}$; $2\frac{2}{25}$; $5\frac{7}{24}$ **b)** $1\frac{29}{40}$; $2\frac{1}{6}$; $1\frac{1}{8}$; $2\frac{5}{6}$
c) $2\frac{2}{3}$; $\frac{3}{2}$; $4\frac{1}{15}$; $6\frac{1}{4}$ **d)** $5\frac{1}{3}$; $\frac{3}{7}$; $4\frac{1}{2}$; $\frac{3}{4}$

428 **a)** $\frac{5}{3}$ **b)** $\frac{2}{3}$ **c)** $\frac{7}{3}$ **d)** $\frac{5}{3}$ **e)** $\frac{2}{5}$

429 **a)** $\frac{3}{5}$ **b)** $\frac{2}{5}$ **c)** $\frac{3}{5}$ **d)** $\frac{2}{5}$ **e)** 6

430 **a)** $\frac{1}{3}$ **b)** $\frac{1}{5}$ **c)** $\frac{4}{7}$

431 **a)** $\frac{1}{2}$ **b)** $\frac{2}{5}$ **c)** $\frac{5}{8}$

432 **a)** $\frac{3}{4}$ **b)** $\frac{7}{2}$ **c)** $\frac{5}{8}$

433 **a)** $\frac{5}{4}$ **b)** $\frac{7}{6}$ **c)** $\frac{3}{8}$

434 **a)** 18 **b)** 16 **c)** 8 **d)** $5\frac{1}{3}$

435 Benny: $\frac{3}{4}$ Marie: 1 Jonas: $\frac{11}{8}$

436 **a)** $\frac{13}{15}$ **b)** 1 **c)** $\frac{1}{20}$ **d)** 0

437 **a)** 1 **b)** $1\frac{1}{10}$ **c)** $\frac{1}{4}$ **d)** $3\frac{1}{4}$

438 **a)** $2\frac{1}{12}$ **b)** $1\frac{1}{3}$ **c)** $1\frac{3}{4}$ **d)** $\frac{7}{24}$

439 **a)** $6\frac{7}{12}$ **b)** $1\frac{1}{2}$ **c)** $\frac{13}{18}$ **d)** $1\frac{4}{9}$

440 **a)** $\frac{1}{4}$ **b)** 1

441 **a)** $\frac{1}{6}$ **b)** $\frac{1}{9}$ **c)** $\frac{1}{6}$ **d)** $\frac{1}{16}$

442 **a)** $\frac{5}{7}$ **b)** $\frac{1}{2}$ **c)** $3\frac{2}{5}$ **d)** $\frac{1}{10}$

443 **a)** $\frac{2}{3}$ **b)** $2\frac{3}{5}$ **c)** $1\frac{1}{2}$ **d)** 2

444 **a)** $\frac{23}{35}$ **b)** $\frac{2}{3}$ **c)** $\frac{1}{4}$ **d)** $\frac{1}{28}$

445 **a)** $6\frac{1}{2}$ **b)** 2 **c)** 1 **d)** $\frac{8}{9}$

446 **a)** $2\frac{1}{2}$ **b)** 2 **c)** $\frac{3}{4}$

447 **a)** $2\frac{1}{2} + 4\frac{3}{4} \cdot 3 = 16\frac{3}{4}$ **b)** $\left(3 + 4\frac{3}{4}\right) : 2\frac{1}{2} = 3\frac{1}{10}$ **c)** $2\frac{1}{2} \cdot 3 + 4\frac{3}{4} = 12\frac{1}{4}$
d) $\left(4\frac{3}{4} - 3\right) : 2\frac{1}{2} = \frac{7}{10}$ **e)** $2\frac{1}{2} \cdot 3 - 4\frac{3}{4} = 2\frac{3}{4}$ **f)** $2\frac{1}{2} \cdot \left(3 + 4\frac{3}{4}\right) = 19\frac{3}{8}$

448 **a)** $1\frac{1}{2}$ **b)** 7 **c)** $\frac{2}{9}$ **d)** $\frac{2}{5}$ **e)** $\frac{3}{8}$

449 **a)** $1\frac{13}{60}$ **b)** $\frac{46}{75}$ **c)** $1\frac{1}{5}$

450 **a)** $3\frac{1}{2}$ **b)** $2\frac{1}{38}$ **c)** 4

451 **a)** $10\frac{7}{10}$ **b)** $1\frac{4}{5}$ **c)** $4\frac{3}{10}$

452 **a)** $1\frac{1}{2}$ **b)** $\frac{1}{3}$

453 0

454 3

455 $3\frac{1}{5}$

456 1

457 **a)** $4\frac{5}{6}$ **b)** $6\frac{8}{9}$

458 **a)** $\frac{1}{4}$ **b)** $\frac{7}{8}$

459 **a)** $\frac{101}{110}$ **b)** $\frac{5}{6}$ **c)** $1\frac{1}{5}$ **d)** $\frac{23}{30}$

460 **a)** $\frac{25}{36}$ **b)** $\frac{7}{9}$ **c)** $\frac{8}{9}$ **d)** $1\frac{1}{3}$

461 **a)** $\frac{1}{30}$ **b)** $\frac{1}{18}$ **c)** $\frac{7}{90}$ **d)** $\frac{1}{10}$

462 **a)** 1,23 **b)** 8,32 **c)** 3,775 **d)** 1,82

463 **a)** 10,92 **b)** 8,96 **c)** 7,43 **d)** 7,91

464 **a)** $\frac{8}{25}$ **b)** 3,15 **c)** 0,3

465 **a)** $\frac{9}{16}$ **b)** $\frac{2}{25}$ **c)** 1

466 **a)** $2\frac{1}{2}$ **b)** $3\frac{3}{5}$ **c)** 2 **d)** $\frac{1}{9}$ **e)** $\frac{9}{10}$

467 **a)** falsch; $\left(\frac{6}{25}\right)$ **b)** falsch; (20) **c)** falsch; (1) **d)** richtig; **e)** falsch; (2)

468 z. B.: **a)** $\frac{1}{2}$ **b)** $\frac{3}{2}$ **c)** 1

469 z. B.: **a)** 2 **b)** $\frac{1}{2}$ **c)** 1

470 **a)** Produkt halb so groß **b)** Produkt verdoppelt
c) Produkt ein Viertel so groß **d)** Produkt vierfach so groß

471 **a), d)** Quotient halb so groß $\left(\frac{1}{10}\right)$ **b), c)** Quotient doppelt so groß $\left(\frac{2}{5}\right)$

472 $\frac{2}{4} + \frac{2}{3} = \frac{14}{12}$

473 $\frac{2}{7} - \frac{1}{5} = \frac{3}{35}$

474 z. B.: **a)** $\frac{3}{2} \cdot \frac{7}{4}$ **b)** $\frac{3}{4} \cdot \frac{5}{4}$ **c)** $\frac{4}{5} \cdot \frac{5}{4}$

475 z. B.: **a)** $\frac{18}{70} : \frac{2}{5}$ **b)** $\frac{40}{63} : \frac{4}{3}$ **c)** $\frac{3}{4} : \frac{6}{8}$

476 z. B.: $2 : \frac{2}{3}$

477 Addition: $\frac{1}{12}$; Multiplikation: $\frac{9}{8}$; Division: $\frac{8}{9}$

478 Joghurt: 0,25 kg = 250 g Butter: 125 g = 0,125 kg Kakao: 200 ml = 0,2 l
Fertigmenü: 375 g = 0,375 kg Fleisch: 50 dag = 0,5 kg Eistee-Flasche: 1,5 l = 1 500 ml

479 **a)** $1\frac{1}{2}$ h **b)** 1 h 48 min

480 54 000 €

481 36 €

482 60 €

483 **a)** 76 € **b)** 57 € **c)** 19 €

484 Differenz: 9 m^2

485 **a)** b = 4 m **b)** b = 5,5 m

486 54 m^3; 540 hl

487 $388\frac{1}{2}$ m^3

488 $3\frac{3}{4}$ h

489 Max: 2 km; Meryem: 1,1 km; Lena: 2,1 km

490 **a)** 2011: 16 064 €; 2012: 14 848 € **b)** 18 000 €

491 nein! $\left(1\frac{61}{64}\right)$

492 12 kg

493 **a)** $21\frac{1}{4}$ **b)** $3\frac{3}{8}$ **c)** $3\frac{1}{5}$ **d)** 8

494 32 Knödel

495 9, 6, 4; 27 Knödel waren insgesamt vorhanden

496 **a)** $5\frac{3}{4}$ **b)** $9\frac{1}{6}$ **c)** $\frac{34}{5}$ **d)** $\frac{23}{6}$

497 **a)** lcm (6, 4) = 12 **b)** lcm (12, 15) = 60 **c)** lcm (8, 24) = 24

498 **a)** $1\frac{11}{20}$ **b)** $\frac{23}{24}$ **c)** 3 **d)** 2

499 120 litres

500 $\frac{1}{12}$ of the oil was used

501 I ate $\frac{1}{6}$ of the cake

502 $3\frac{2}{5}$ m of the material were not used

503 **a)** 1 **b)** $\frac{1}{3}$

504 **a)** $\frac{7}{10} > \frac{2}{3}$ **b)** $2\frac{5}{8} > \frac{13}{5}$ **c)** $\frac{7}{6} < 1\frac{3}{10}$

Geometrische Grundbegriffe

505

		km			m	dm	cm	mm	
b)	42 m 4 dm	0	0	4	2	4	0	0	42,4 m = 424 dm = 4 240 cm
c)	9 km 5 m	9	0	0	5	0	0	0	9,005 km = 9 005 m = 90 050 dm
d)	4 dm 2 mm				0	4	0	2	0,402 m = 40,2 cm = 402 mm
e)	72 m 9 cm			7	2	0	9	0	72,09 m = 720,9 dm = 72 090 mm

506 **a)** 50 mm **b)** 1 450 mm **c)** 35 mm **d)** 175 mm

507 **a)** 70 cm **b)** 82 cm **c)** 4,2 cm **d)** 35 cm

508 **a)** 70 dm **b)** 83 dm **c)** 31 dm **d)** 16,5 dm

509 **a)** 6 000 m **b)** 2 800 m **c)** 8,02 m **d)** 6,75 m

510 **a)** 8 km **b)** 3,078 km **c)** 3,050 km **d)** 12,009 km

511 **a)** 38,217 m **b)** 13,352 km **c)** 1,21 m **d)** 7,995 km

512 **a)** 1,25 m **b)** 30 cm **c)** B : 4; (B − 1,4) : 12

513 12

514 2,43 m

515 Wohnung: 1 a; Querschnitt Streichholz: 1 mm²; Fußballplatz: 1 ha; Handfläche: 1 dm²; Babybadetuch: 1 m²; Fingernagel: 1 cm²

516

		km²	ha	a	m²	dm²	cm²	mm²	
b)	7 m² 12 dm²				7	12			7,12 m² = 712 dm²
c)	8,371 dm²					8	37	10	0,08371 m² = 837,1 cm²
d)	3 km² 80 a	3	00	80					3,008 km² = 300,8 ha

517 **a)** 2 300 mm² **b)** 608 mm² **c)** 5 650 mm² **d)** 909 mm²

518 **a)** 1 800 cm² **b)** 378 cm² **c)** 501 cm² **d)** 3,52 cm²

519 **a)** 7 300 m² **b)** 0,456 m² **c)** 4,12 m² **d)** 805 m²

520 **a)** 460 a **b)** 1,74 a **c)** 305 a **d)** 70 a

521 **a)** 145 ha **b)** 3,42 ha **c)** 4,12 ha **d)** 200,02 ha

522 **a)** 5,3 km² **b)** 0,0305 km² **c)** 7,12 km² **d)** 0,56 km²

523 **a)** Tom, Canan, Sam **b)** Leo, Xenia, Ayla

524 **a)** parallel **b)** parallel

525 nicht parallel; der Normalabstand der beiden Geraden ist unterschiedlich groß

526 **a)** $\alpha = \gamma$; $\beta = \delta$; nebeneinander liegende Winkel sind supplementär (ergeben zusammen 180°)
b) $\mu + \varepsilon = 360°$
Zuerst werden 180° am Winkel ε eingezeichnet, dann wird der Rest des Winkels gemessen und zu 180° dazugerechnet.

527 **a)** (3) **b)** (1) , (3) **c)** (4)

528 **a)** 1,83 ha **b)** 5,6 ha

529

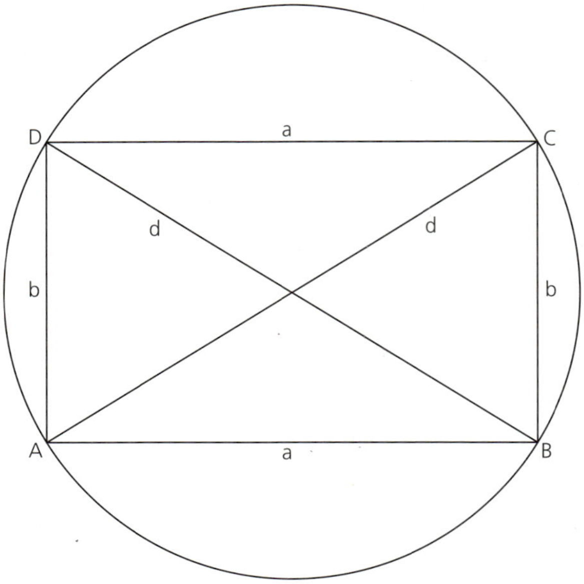

530

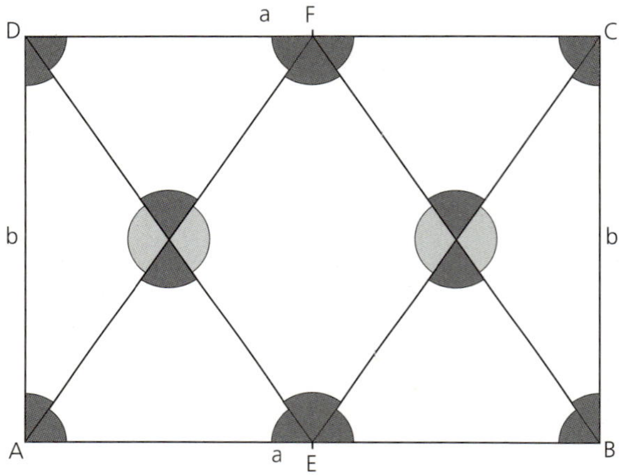

531 $A = a \cdot b$ a … Anzahl der Kästchen pro Reihe
b … Anzahl der Reihen

532 $A = a \cdot a$

533 **a)** $U = 4 \cdot a$ **b)** $U = 2 \cdot (a + b)$

534 **a)** $U = 24$ cm; $A = 36$ cm² **b)** $U = 32$ cm, $A = 64$ cm² **c)** $U = 36$ cm; $A = 81$ cm²
d) $U = 26$ cm; $A = 40$ cm² **e)** $U = 32$ cm; $A = 63$ cm² **f)** $U = 40$ cm; $A = 96$ cm²

535 **a)** $A_Q = 3 \cdot 3 = 9$; $A_R = 5 \cdot 1 = 5$; $U_Q = 4 \cdot 3 = 12$; $A_R = 2 \cdot (1 + 5) = 12$
b) $A_Q = 4 \cdot 4 = 16$; $A_R = 8 \cdot 2 = 16$; $U_Q = 4 \cdot 4 = 16$; $A_R = 2 \cdot (2 + 8) = 20$

536 **a)** Figuren 1, 2, 4 und 5; durch Verschieben der Außenlinien
b) Figuren 1 und 2; durch Verschieben der Kästchen

537 **a)** $x = a - d$; $y = b - c$ **b)** $x = b + d$; $y = a + c$ **c)** $x = 3 \cdot v$; $y = 3 \cdot w$

538 **a)** $A = 99$ m² **b)** $A = 190$ m² **c)** $A = 56$ m²

539 **a)** $A = 375$ m² **b)** $A = 138{,}24$ m²

540 (3)

541 Christians Teppich

542 —

543 Paul: Rechteck; Max: Quadrat; Anna: Rechteck; Lea: Rechteck; Damir: Quadrat

544 1 (2) ; 2 (1) ; 3 (1) ; 4 (2) ; 5 (1) ; 6 (X) ; 7 (X) ; 8 (2) ; 9 (1) ; 10 (2) ; 11 (1) ; 12 (2)
z. B.: a = 3 cm ; b = 6 cm

545 B (8|4) ; C (3|6) ; D (1|1) ; E (6|5) ; F (0|5); G (5|1)

546 **a)** A (0|2) , D (2|5) , E (0|6) , L (3|1) , N (4|4) , S (6|3)
b) M (0|0) , R (1|1,5) , A (2|0) , E (2|2) , S (3|2), I (0|3)
c) A (0,5|0,5) , T (0,5|1,5) , C (1|3) , H (1,5|1) , E (2|2,5) , S (2,5|1,5)

547 **a)** D (1|0) , E (7|0) **b)** D (4|3) , E (7|8) , F (1|8)

548 **a)** S (3|4) **b)** S (3|2)

549 **a)** P_1 (4|2) ; P_2 (3|3) **b)** S_X (6|0) ; S_Y (0|6)

550 **a)** Die y-Koordinate ist immer 0. **b)** Die x-Koordinate ist immer 0.
c) Die x- und die y-Koordinate sind gleich.

551 Spiegelung an der Geraden m.

552 **a)** C (4|5) ; D (1|5) **b)** C (6|1) ; D (6|5) **c)** C (3,5|7) ; D (0,5|4)

553 **a)** D (3|5) **b)** D (4|8) **c)** D (0,5|3)

554 —

555 A, F, Q ; B, J, O, P ; C, K ; D, H; I, R, N

556 —

557 —

558 **a)**

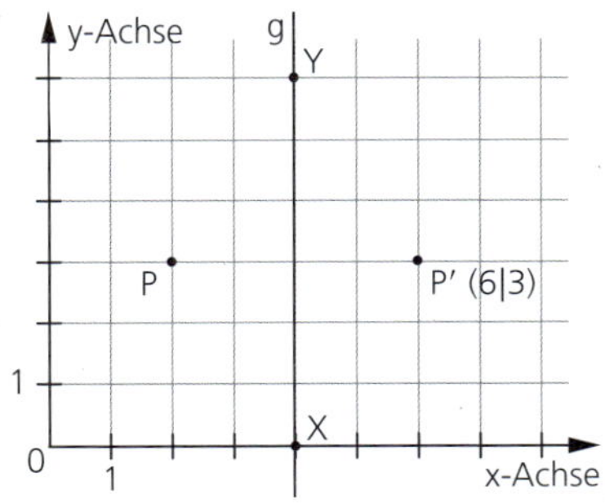

b) Q′ (6|3)

559 —

560 Pfeil

561

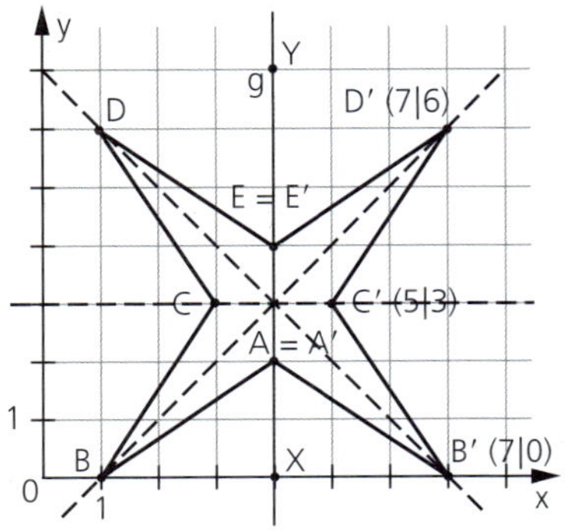

Es gibt 4 Symmetrieachsen.

562 —

563 —

564 z. B.: **a)** P_1 (−1|+1) ; P_2 (3|3) **b)** P_1 (4|4) ; P_2 (6|0) **c)** P_1 (4|4) ; P_2 (4|2)

565 —

566 —

567 **a)** Katze **b)** Orange

568 —

569 Die Haltestelle muss auf der Streckensymmetralen von A und B liegen.

570 Anleitung: Konstruiere zwei Streckensymmetralen. Der Schnittpunkt ist von A, B und C gleich weit entfernt.

571 Schatz: (5|3)

572 Anleitung: Konstruiere die Streckensymmetrale zwischen den beiden Punkten!

573 Durch zweimaliges Falten jeweils entlang einer Symmetrieachse des Kreises.

574 M liegt dort, wo sich die beiden Streckensymmetralen schneiden.

575 siehe 574

576 **a)**, **d)**, **f)** spitz **b)**, **c)**, **g)** stumpf **e)**, **h)**, **i)** erhaben

577 **a)** stumpf **b)** spitz **c)** φ: spitz; γ: erhaben **d)** δ: stumpf; ε: spitz

578 **b)** 90°: rechter Winkel; 180°: gestreckter Winkel; 360°: voller Winkel

579 **a)** 120′ **b)** 1 020′ **c)** 30′ **d)** 45′ **e)** 336′ **f)** 0,6′

580 **a)** 4° **b)** 6,5° **c)** 1,5° **d)** 0,45° **e)** 0,85° **f)** $\frac{7}{12}^\circ = 0{,}583°$

581 **a)**

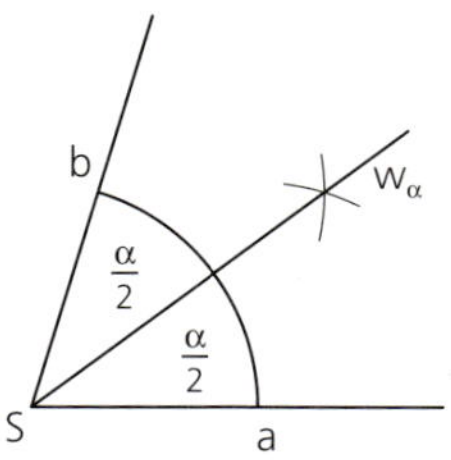

f)

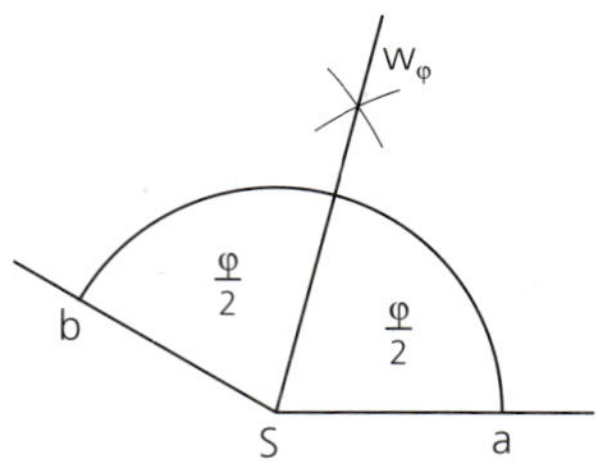

b), **c)**, **d)**, **e)** analog

582 spitzer Winkel

583 **a)** spitzer Winkel **b)** rechter Winkel

584 **a)** 25° **b)** 22° **c)** 30° **d)** 42° **e)** 45° **f)** 20°

d)

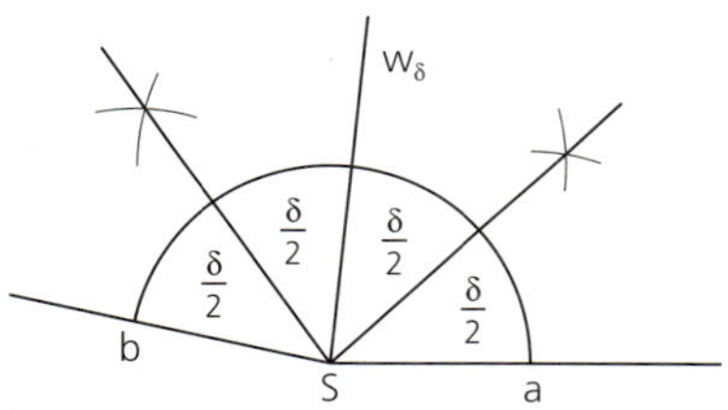

a), **b)**, **c)**, **e)**, **f)** analog

585

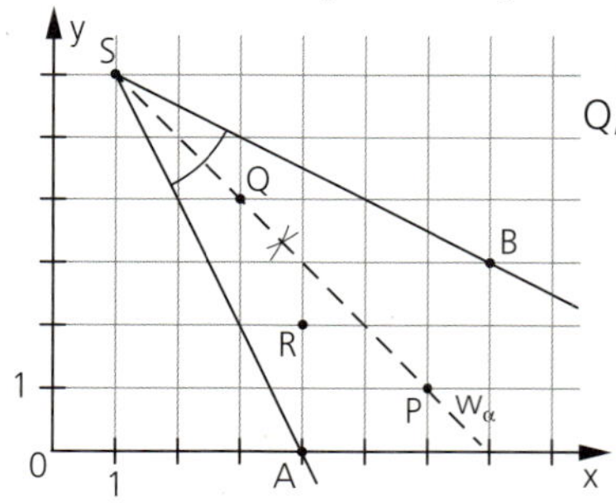

$\alpha = 36°$
$Q, P \in w_\alpha$
$R \notin w_\alpha$

586

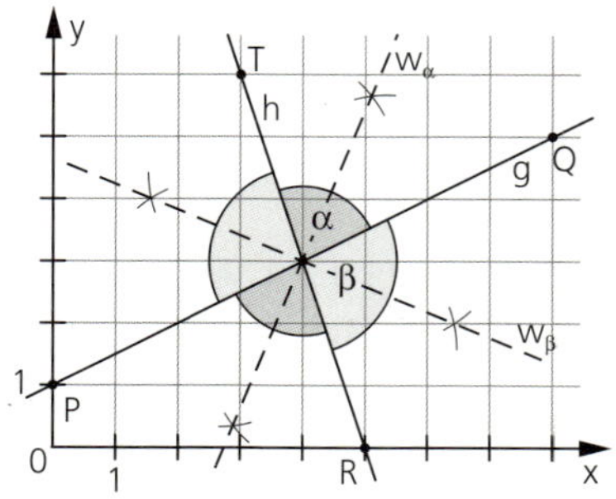

S (4|3)
$\alpha = 82°$
$\beta = 98°$

587

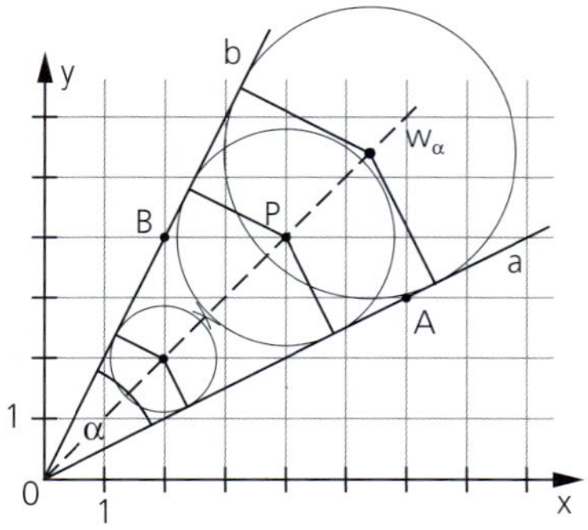

$\overline{P_a} = \overline{P_b} = 0{,}9$ cm

588

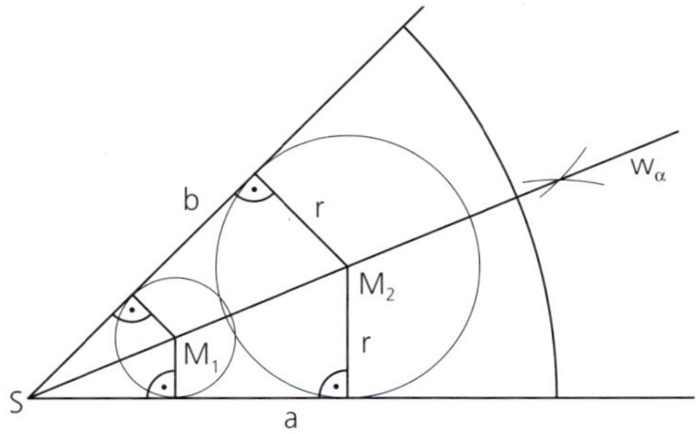

589 $360° : 6 = 60°$

590 —

591 **b)** $30° = 60° : 2$ **c)** $120° = 60° + 60°$ **d)** $45° = 90° : 2$
e) $135° = 90° + 45°$ **f)** $150° = 60° + 60° + 30°$ oder $90° + 60°$

592 **a)** $\alpha = \gamma = 60°$; $\beta = \delta = 120°$ **c)** $\omega_\alpha \perp \omega_\beta$

593 siehe 592 $\alpha = \gamma = 45°$; $\beta = \delta = 135°$

594 **a)** S (6|4) **b)** $\omega_\alpha \perp \omega_\beta$

595 **a)** $\omega_\alpha \perp \omega_\beta$ **b)** $\alpha + \beta = 180°$; $\frac{\alpha}{2} + \frac{\beta}{2} = 90°$

596 **a)** 152°; 28° **b)** 98°; 82° **c)** 75°; 105° **d)** 46°; 134° **e)** 135°; 45°

597 Wird α größer, so wird β kleiner.

598 Alle Winkel sind gleich groß: $\alpha = \beta_1 = \gamma = \beta_2 = 90°$

599 α und β sind keine Nebenwinkel, aber sie sind supplementär.

600 siehe Einführungsbeispiel, Lehrbuch Seite 99.

601 **a)**, **c)** Parallelwinkel **b)**, **d)** keine Parallelwinkel

602 **a)** $\alpha = \alpha_1 = \gamma = \gamma_1 = 60°$; $\beta = \beta_1 = \delta = \delta_1 = 120°$
b) $\alpha = \alpha_1 = \gamma = \gamma_1 = 135°$; $\beta = \beta_1 = \delta = \delta_1 = 45°$

603 Ja; die Umkehrung gilt aber nicht.

604 Ja; die Umkehrung gilt aber nicht.

605 —

606 **a)** $\alpha = \gamma$; α, β und α, δ sind supplementär **b)** α, δ sind supplementär
c)

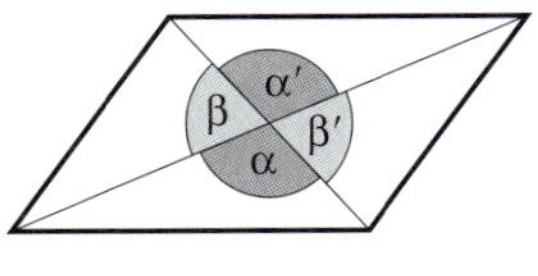

607 **a)**

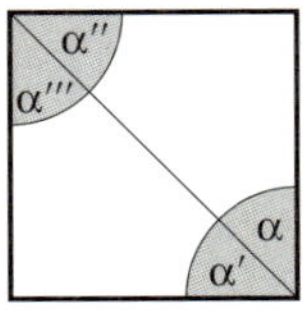

$\alpha = \alpha' = \alpha'' = \alpha'''$

b)

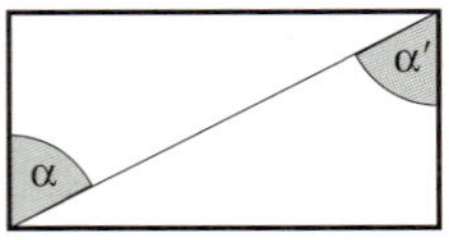

$\alpha = \alpha'$

c) $\alpha = \alpha'$ $\beta = \beta'$

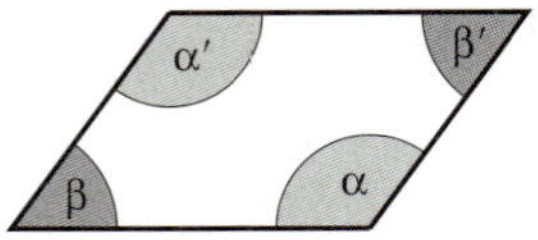

α und β sind supplementär

608 **a)** 47° **b)** 18° **c)** 76° **d)** 5°

609 **a)** $\beta = 60°$ **b)** $\beta = 15°$ **c)** $\beta = 45°$

610 —

611

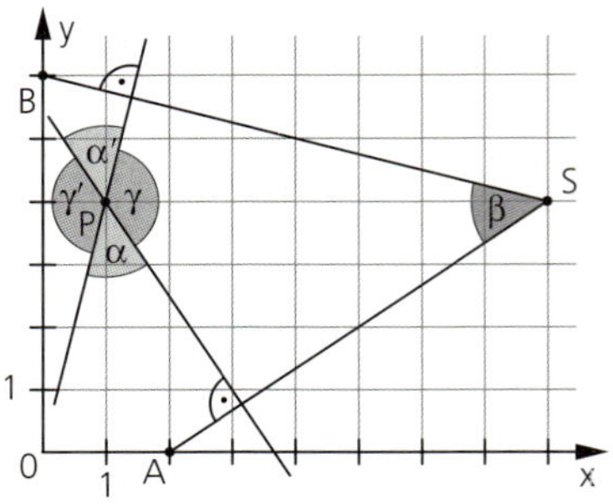

α … gleich großer Normalwinkel
γ … supplementärer Normalwinkel

Proportionale Zuordnungen

612 —

613 **a)**

1 kg	2,60 €
3 kg	7,80 €
0,5 kg	1,30 €
1,5 kg	3,90 €

b)

1 Dose	0,80 €
6 Dosen	4,80 €
10 Dosen	8,00 €
16 Dosen	12,80 €

c)

100 g	1,40 €
250 g	3,50 €
500 g	7,00 €
750 g	10,50 €

614 9,6 kg; 16 kg; 3,2 · x kg

615 **a)** … doppelt so viel Wasser. **b)** 3 cm³; 15 cm³; 30 cm³; 180 dm³; 900 dm³

616 **a)** 18 €; 24 €; 30 €; 33 € **b)** $p = 12 \cdot x$; p … Preis; x … Zeit

617 **a)** 0,32 €; 0,80 €; 1,60 €; 4,80 €; 7,20 €; 14,40 €; 2 kg; 3,75 kg **b)** $p = 3{,}2 \cdot x$

618 **a)** 1 kg ≙ 1 cm; 5 € ≙ 1 cm **b)** 1 m ≙ 1 cm; 20 € ≙ 1 cm **c)** 1 Flasche ≙ 1 l; 5 € ≙ 1 cm

619 **a)** 1,2 €; 1,8 €; 2,4 € **b)** 30 dag; 5 dag; 25 dag

620 —

621 1 000 g; 1 500 g; 2 250 g; 3 100 g

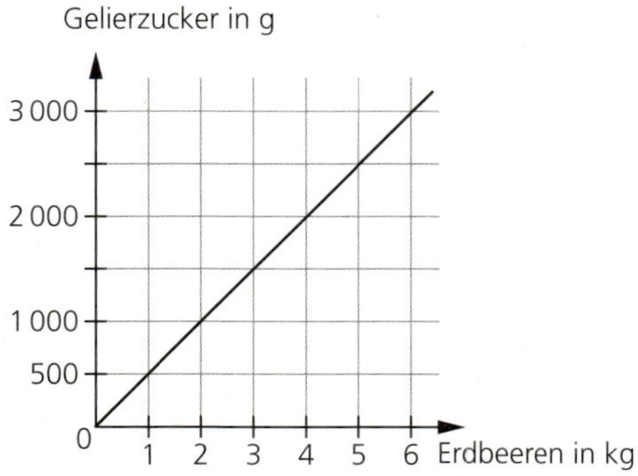

622 Vera hat recht. Sie kann überprüfen, ob dem n-fachen der einen Größe das n-fache der anderen Größe zugeordnet wird.

623

Zeit in min	10	20	30	50	200	250	300	40,4
Gebühr in €	0,10	0,20	0,30	0,50	2	2,50	3	0,404

624 **a)** obere Punktemenge: Avocados
unter Punktemenge: Feigen

b)

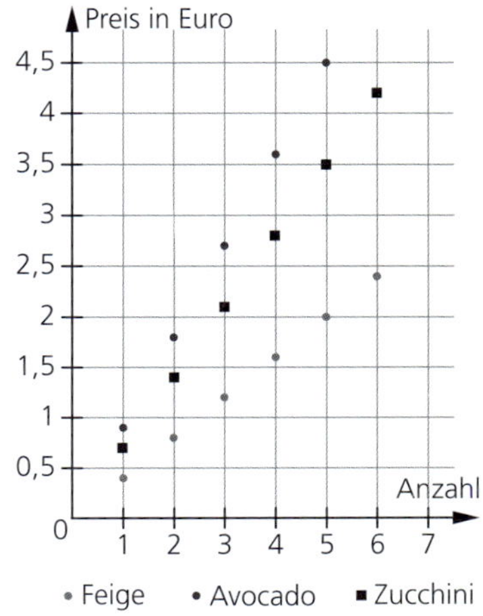

c) (3)
d) P = 0,9 · x

625 20 €; 16 Bälle

626 **a)**

Kartenzahl	1	3	4	8	12	15
Preis in €	6,40	19,20	25,60	51,20	76,80	96

b) 435,20 €

627 3,50 €

628 4,50 €

629 2,70 €

630 2,50 €

631 **a)** 1,80 € **b)** 3 €

632 **a)** 100 g **b)** 250 g **c)** 400 g

633 35 t

634 **a)**, **b)** nein

635 **a)**, **b)** nein

636
(1) keine Proportion
(2) Nein, denn zu viel Regen kann auch schaden.
(3) Ja, unter der Voraussetzung, dass der Stückpreis konstant ist.
(4) keine Proportion
(5) ja
(6) keine Proportion
(7) keine Proportion
(8) keine Proportion
(9) keine Proportion
(10) keine Proportion

637 … 2- (3-, 4-, …) fache der anderen Größe

638 **a)**

Zeit (in h)	1	2	3	4	5
Weg (in km)	80	160	240	320	400

b) Die Momentangeschwindigkeit kann nicht über 5h konstant gehalten werden.

639 130 km; $21\frac{2}{3}$ km; 32,5 km; 195 km; 260 km

640 **a)** 6 km

b)

Zeit (in min)	10	15	20	25	30	35	40
Weg (in km)	2	3	4	5	6	7	8

641

Fahrzeit	1 s	1 min	1 h
Weg in m	1 m	60 m	3 600 m

Fahrzeit	1 h
Weg in km	3,6 km

642 **a)** 28,8 km/h **b)** 126 km/h **c)** 54 km/h **d)** 72 km/h

643 **a)** 5 m/s **b)** 20 m/s **c)** 25 m/s **d)** 30 m/s

644

t (in h)	1	2	3	4	5
s (in km)	15	30	45	60	75

645

t (in h)	1	2	3	4	5
s (in km)	90	180	270	360	450

Zeit-Weg Diagramm vergleiche Einführungsbeispiel

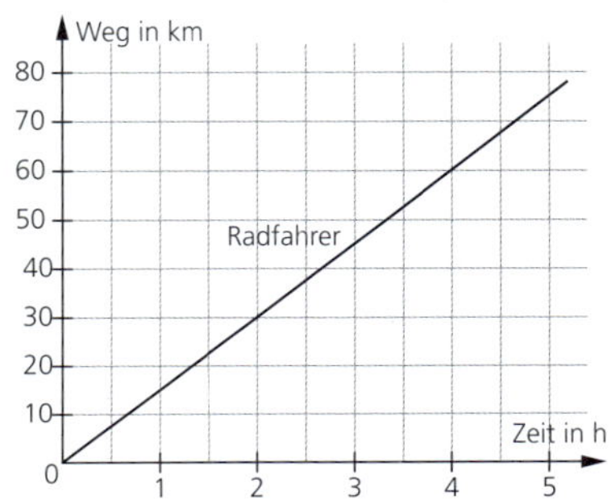

646 Moped: grün: 40 km/h; Bus: blau: 80 km/h; Auto: rot: 120 km/h

647 **a)** Caro: 2 km/h; Marie: 6 km/h
In 3 Stunden legt Caro 6 km zurück, Marie 18 km.
b) 8 km
c) nach 3 h

648 Die Geschwindigkeit muss konstant sein.

649

E	2	3	4	6	12	24
€	6 000	4 000	3 000	2 000	1 000	500

650 8 h; 9,6 h; 16 h; 24 h

651 24 cm; 12 cm; 8 cm; 6 cm

652 126 Tage, 63 Tage, 36 Tage, 14 Tage

653 **a)** 48 Bretter **b)** 16 cm

654 **a)** 24 min **b)** 12 min

655 (1) keine Proportion
(2) keine Proportion
(3) indirekt proportional (bei bestimmten Voraussetzungen)
(4) indirekt proportional (bei gleichbleibender Datenmenge)
(5) indirekt proportional (bei bestimmten Voraussetzungen)
(6) indirekt proportional (bei gleicher Leistung der Pumpen)
(7) indirekt proportional (bei bestimmten Voraussetzungen)
(8) indirekt proportional (wenn alle Kinder gleich viel verteilen)

656 —

657

Personen	Erdbeeren
1	48
2	24
3	16
4	12
6	8

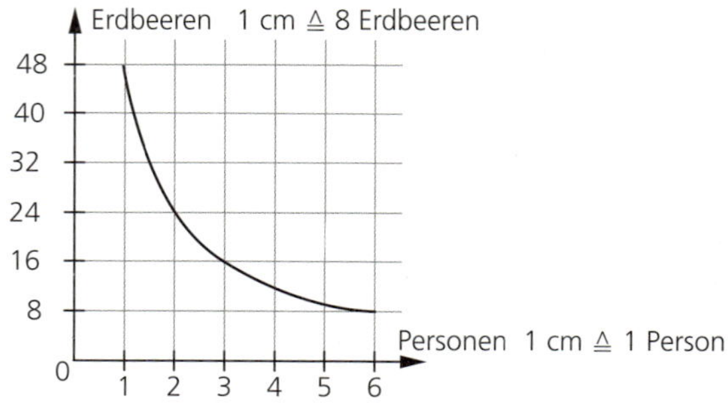

658 **a)**

l	1	2	4	8
b	8	4	2	1

b)

Pferde	1	2	3	6
Tage	6	3	2	1

659 24 Tage; konstanter Verbrauch

660 —

661 120 Tage

662 **a)** $12 \cdot p$ Tage **b)** $8 \cdot a$ Tage **c)** $t \cdot a$ Tage

663 **a)** 12-mal **b)** 3s-mal

664 6 h 36 min

665 **a)** 4 Tage **b)** 350 Tage

666 **a)** 10 Stunden **b)** 800 Euro

667 **a)** 262,5 Tage **b)** 150 Tage **c)** $\frac{210 \cdot 25}{c}$ Tage

668 16 Tage

669 10 Stück

670 32 h

671 **a)** 119 h **b)** 20 h **c)** 40,5 h

672 **a)** 20 · a h **b)** $\frac{s \cdot b}{5}$ h **c)** $\frac{z \cdot r}{s}$ h

673 12 Kinder

674 2,5 Monate

675 12 Wochen bzw. insgesamt 16 Wochen

676 30 Stunden bzw. insgesamt 42 Tage

677 4 Tage

678 0,8 h = 48 min

679 6 960 €

680 Die Rechnung ist richtig, allerdings ist es unwahrscheinlich, dass sie die Marathonstrecke mit derselben Geschwindigkeit laufen kann.

681 Für ein größeres Puzzle braucht sie wahrscheinlich länger, da es schwieriger ist, die Teile zu finden.

682 8 Minuten

683 25 €

684 **a)** 6,60 € **b)** 7,80 € **c)** $\frac{k \cdot 1{,}2}{24}$

685 Karim

686 **a)** 54 Stunden **b)** 27 Stunden

687 12,25 Fuhren

688 **a)** 32 min **b)** 24 min **c)** 16 min

689 **a)** 180 kg **b)** 300 kg **c)** 720 kg

690 **a)** 3 Personen **b)** 180 cm

691 **a)** 2 h **b)** $98,\dot{1}\dot{8}$ min

692 900 km

693 **a)** 90 km/h **b)** 36 min

694 **a)** 30 km/h **b)** 36 sec

695 **a)** 12 min **b)** 10 min 30 sec

696 Sunny

697 **a)** 5 Seiten **b)** 30 Seiten

698 **a)** 3 € **b)** Die Zuordnung ist nicht direkt proportional.

699 **a)** 240 l **b)** 320 Flaschen

700 7 Tage; die Katzen fressen gleich viel

701 indirekte Proportion

	a	b	
	2	24	
· 2	4	12	: 2
· 2	8	6	: 2

702 (1) keine direkte Proportion, da jedes Kind seine eigene Hausübung machen muss
(2) direkte Proportion

703 **a)** 6 h **b)** 9 h **c)** 2 h

704 **a)** 15 € **b)** 10 € **c)** $\frac{15 \cdot 12}{a}$

705 4 h

706 3 min 20 sec

707 10 min

Dreiecke

708 (1), (3), (4), (5): ungleichseitige Dreiecke; (2): gleichschenkliges Dreieck; (6): gleichseitiges Dreieck

709 (1), (6): spitzwinklige Dreiecke; (3), (4): rechtwinkliges Dreieck; (2), (5): stumpfwinklige Dreiecke

710 **a)** 1) a = 2,7 cm; b = 2 cm; c = 2,4 cm; u = 7,1 cm 2) $\alpha = 74°$; $\beta = 47°$; $\gamma = 59°$
b) 1) a = 1,7 cm; b = 3,5 cm; c = 3 cm; u = 8,2 cm 2) $\alpha = 35°$; $\beta = 55°$; $\gamma = 90°$
c) 1) a = 2,4 cm; b = 3 cm; c = 1,6 cm; u = 7 cm 2) $\alpha = 52°$; $\beta = 96°$; $\gamma = 32°$
Die Winkelsumme beträgt immer 180°.

711 **a)** a = 5,4 cm; b = 5 cm; c = 5,1 cm; u = 15,5 cm; $\alpha = 65°$; $\beta = 57°$; $\gamma = 58°$
b) a = 4 cm; b = 5 cm; c = 6,4 cm; u = 15,4 cm; $\alpha = 39°$; $\beta = 51°$; $\gamma = 90°$
c) a = 7,2 cm; b = 6,3 cm; c = 6 cm; u = 19,5 cm; $\alpha = 72°$; $\beta = 56°$; $\gamma = 52°$
d) a = 3,5 cm; b = 6,1 cm; c = 3,8 cm; u = 13,4 cm; $\alpha = 33°$; $\beta = 112°$; $\gamma = 35°$
Die Winkelsumme beträgt immer 180°.

712 **a)** $\gamma = 52°$ **b)** $\gamma = 34°$ **c)** $\alpha = 45°$ **d)** $\beta = 28°$

713 **a)** $\alpha = 34°$ **b)** $\beta = 43°$ **c)** $\alpha = 19°$ **d)** $\beta = 58°$

714 **a)** 59° **b)** 15° **c)** 45° **d)** nicht möglich

715 **a)** $\beta = 180 - \alpha - \gamma = 180 - (\alpha + \gamma)$ **b)** $\alpha = 180 - \beta - \gamma = 180 - (\beta + \gamma)$
c) $\gamma = 180 - \alpha - \beta = 180 - (\alpha + \beta)$

716 **a)** 58° **b)** 60° **c)** 45° **d)** 22° **e)** 20°
f) 90° **g)** 37° **h)** 37° **i)** 30° **j)** 65°

717 —

718 Die Seitenlängen von Dreieck II sind doppelt so groß wie von Dreieck I; die Winkel der beiden Dreiecke sind gleich groß.

719 **a)** ja **b)** nein **c)** 1 **d)** ja

720 $\beta + \beta_1 = 180°$; $\beta + \beta_2 = 180°$

721 **a)** komplementäre Winkel **b)** supplementäre Winkel

722 $\alpha + \beta + \gamma = 180$
$\beta + \gamma = 180 - \alpha$
$\alpha_1 = \beta + \gamma$
$\alpha_1 = 180° - \alpha$
$\alpha + \alpha_1 = 180$

723 **a)** $\alpha_1 = 126°$ **b)** $\beta = 55°$ **c)** $\alpha_1 = 45°$ **d)** $\gamma = 105°$

724 **a)** $\alpha = 60°$; $\beta = 75°$; $\gamma = 45°$ **b)** $\alpha = 35°$; $\beta = 55°$; $\gamma = 90°$
c) $\alpha = 105°$; $\beta = 30°$; $\gamma = 45°$

725 **a)** $\gamma = 79°$ **b)** $\gamma = 76°$

726 **a)** $\measuredangle$ BCA = 76° **b)** $\measuredangle$ BCA = 30°

727 **a)** Dreieck **b), c)** keine Dreiecke

728 **a)** kein Dreieck (a + b = c) **b)** Dreieck

729 **a)** Dreieck **b)** kein Dreieck (b + c < a)

730 **a), b)** Dreieck

731 **a), b)** Dreieck

732 **a), b)** kein Dreieck

733 11 km ≙ 11 cm; 8 km ≙ 8 cm; 7 km ≙ 7 cm   größter Winkel: 94°

734 80 m ≙ 4 cm; 112 m ≙ 5,6 cm; 126 m ≙ 6,3 cm   Winkel: 80°

735 **a)**

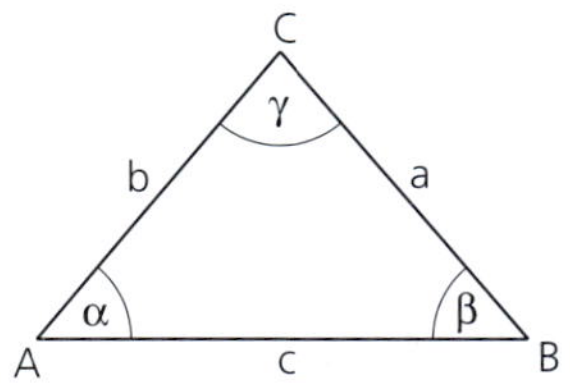

zur Kontrolle: **a)** a = 5,05 cm **b)** a = 2,65 cm

736 zur Kontrolle: **a)** b = 3,6 cm **b)** b = 7,8 cm

737 **b)**

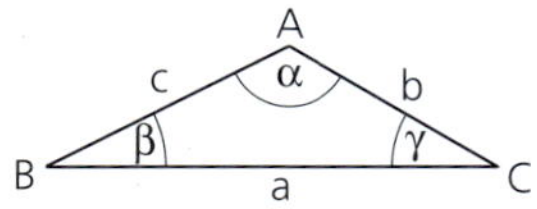

b) Anleitung: Beginne mit a bzw. b, zeichne dann γ.
zur Kontrolle: **a)** c = 4,5 cm **b)** c = 3,6 cm

738 zur Kontrolle: c = 5,3 cm

739 **a)**

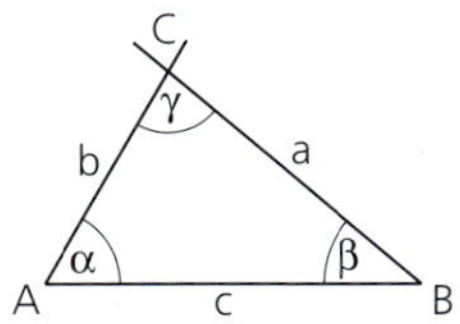

γ = 80° **b)** γ = 65°

740 **a)** α = 20° **b)** α = 85° **c)** β = 90° **d)** β = 27°

b)

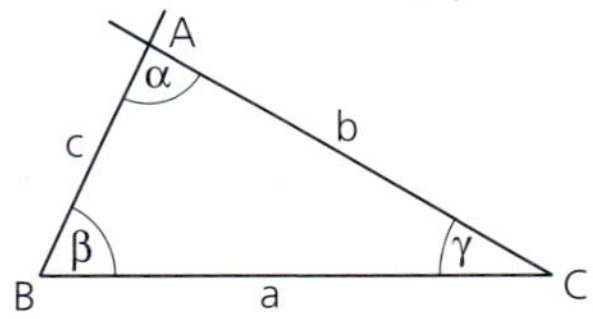

d)

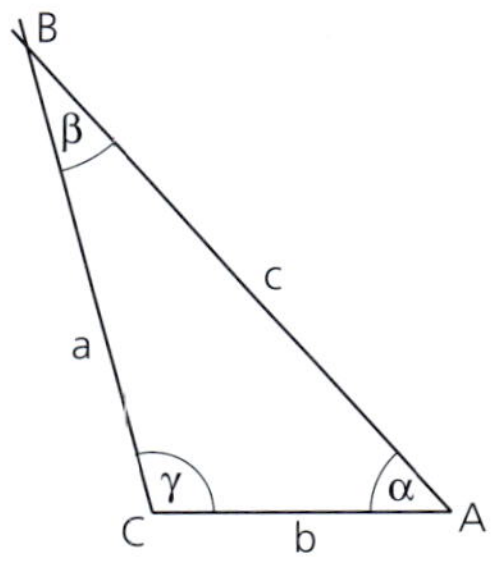

741 **a)** α = 30°

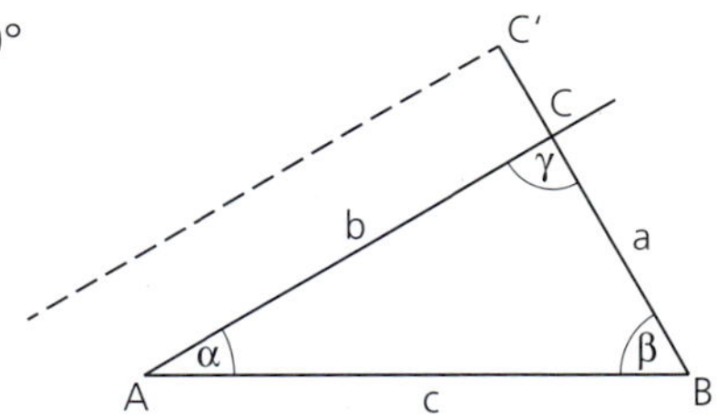

b) β = 45°

742 α = 45°; c = 7,6 cm

743 1,9 km

744 C (2,6 | 2,6)

745 C (7,1 | 4,1)

746 **a)**

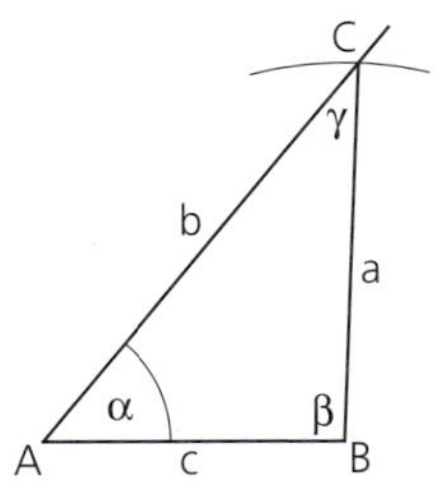

zur Kontrolle: b = 6,5 cm **b)** a = 7,3 cm

747 **a)**

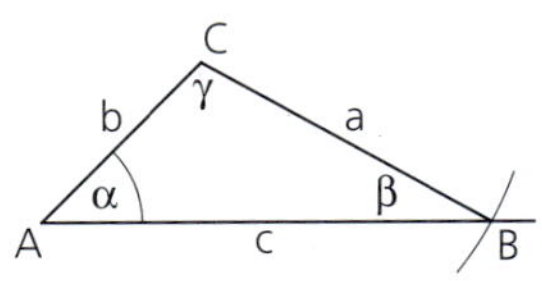

zur Kontrolle: c = 6 cm **b)** b = 5,2 cm

748 **a)**

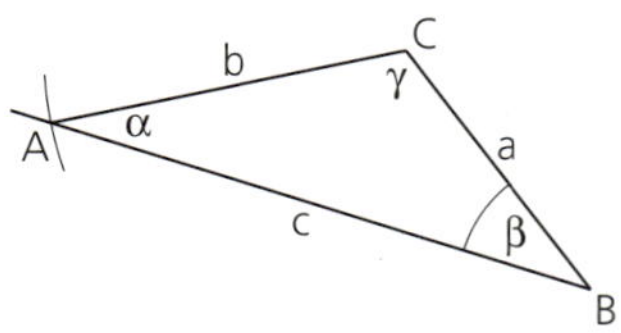

zur Kontrolle: c = 7,5 cm **b)** a = 8,8 cm

749 **a)** $\gamma = 36°$; b = 8,3 cm **b)** $\gamma = 46°$; a = 4 cm **c)** $\beta = 35°$; a = 5,7 cm **d)** $\alpha = 43°$; c = 4,4 cm

750 $\gamma = 40°$; b = 7,8 cm

751 ca. 500 m + 532 m = 1 032 m

752 **a)** Zwei möglich Lösungen

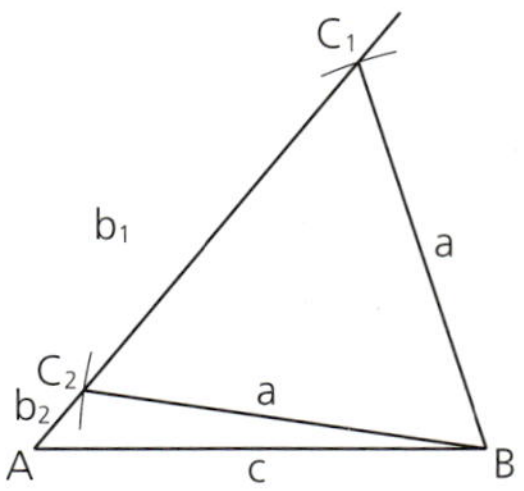

b) keine Lösung

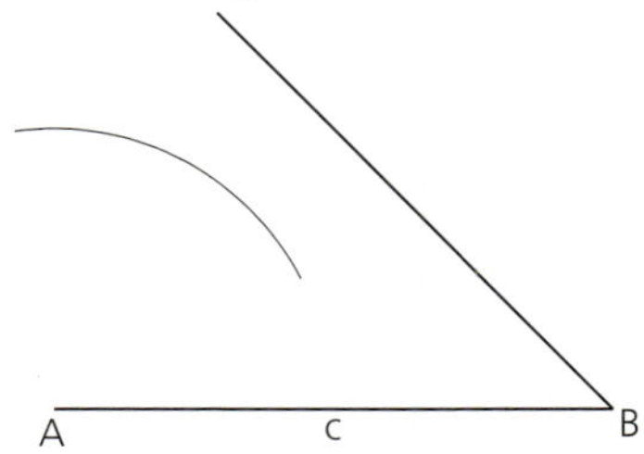

753 **a)**, **b)**, **e)**, **f)** auftretende Schwierigkeiten

754 eindeutig: $\alpha = 55°$ (SWS-Satz) $\gamma = 55°$ (SsW-Satz)

755 Es gibt keinen WWW-Satz. Die Größe des Dreiecks kann nicht eindeutig bestimmt werden.

756 **a)** ,**b)**, **d)** WSW-Satz **c)** SWS-Satz **e)** SSS-Satz **f)** SSW-Satz

757 **a)** WSW-Satz **b)** SWS-Satz **c)** SSS-Satz **d)** WSW-Satz **e)** SSW-Satz **f)** SWS-Satz

758 $\alpha = 50°$; $\beta = 73°$; $\gamma = 57°$ **a)** WSW-Satz **b)** SWS-Satz

759 Nein – β liegt der kleineren Seite gegenüber

760 **a)** SSS: a = 5cm; b = 4 cm; c = 6 cm; jedoch nicht: a = 5 cm; b = 2 cm; c = 8 cm; ($a + b < c$)
b) SWS: a = 4 cm; b = 6 cm; $\gamma = 57°$
c) WSW: c = 5 cm; $\alpha = 40°$; $\beta = 70°$
d) SsW: a = 5 cm; b = 4 cm; $\alpha = 50°$; jedoch nicht: a = 5 cm; b = 4 cm; $\beta = 50°$
(β liegt der kürzeren Seite gegenüber – nicht eindeutig!)
e) $\alpha = 100°$; $\beta = 96°$; c = 7 cm

761 **b)**

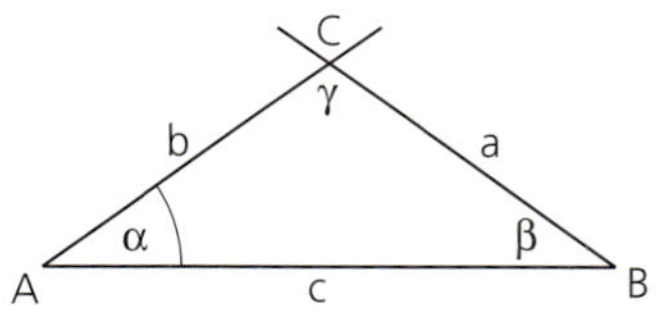

762 **c)**

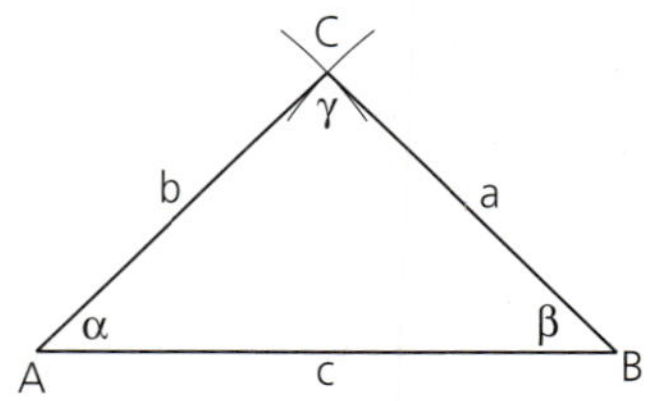

763 **a)** $\alpha = \beta = 45°$; $\gamma = 90°$ **b)** $\alpha = \beta = 75°$; $\gamma = 30°$ **c)** $\alpha = \beta = 71°$
d) $\alpha = \beta = 68°$; $\gamma = 44°$ **e)** $\gamma = 60°$; $\alpha = \beta = 60°$ **f)** $\alpha = \beta = 35°$; $\gamma = 110°$

764 **a)** b = 55 mm; c = 24 mm **b)** a = 75 mm; c = 93 mm **c)** a = b = 41 mm

765 **a)** $u = a + a + c$; $u - 2a = c$ **b)** $u = a + a + c$; $(u - c) : 2 = a$

766 —

767 **a)** a = 5 cm **b)** a = 28 mm; $\frac{u}{3} = a$

768 **a)** gleichschenkliges Dreieck; a = b; $\alpha = \beta$ **b)** gleichseitiges Dreieck; a = b = c; $\alpha = \beta = \gamma$

769 gleichschenkliges Dreieck: 3. Angabe: a = b; gleichseitiges Dreieck: 2. und 3. Angabe: a = b = c

770 —

771 **a)** 6 gleichseitige Dreiecke **b)** ∡ BAF = 120°
c) ∡ BCD = 120° **d)** ∡ BEF = 60°; ∡ FDC = 90°; ∡ AEC = 60°

772 **a)** $\beta = 32°$ **b)** $\alpha = 15°$ **c)** $\beta = 28°$ **d)** $\alpha = 56°$ **e)** $\beta = 65°$ **f)** $\alpha = 38°$

773 —

774 **a)** $\beta = 20°$ **b)** $\alpha = 45°$ **c)** $\beta = 50°$

775 zur Kontrolle: **a)** c = 7 cm **b)** c = 52,5 mm **c)** c = 68 mm

b)

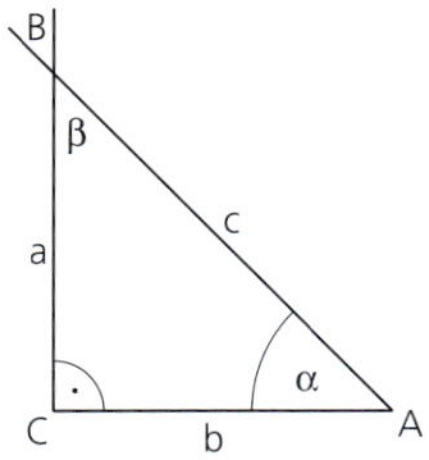

776 zur Kontrolle: **a)** $\alpha = 30°$ **c)** $\beta = 55°$ **d)** $\alpha = 15°$ **e)** $\alpha = 41°$; $\beta = 49°$ **f)** $\beta = 60°$

777 Satz von Thales

778 **a)** a = 5,2 cm **b)** c = 7,2 cm **c)**

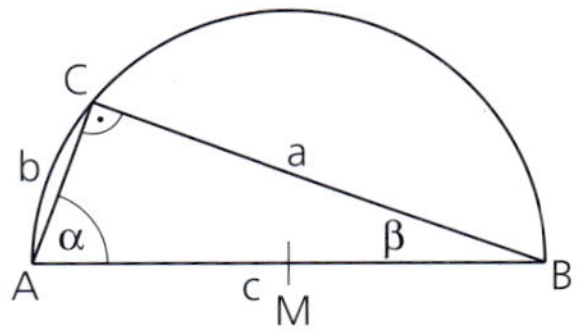

779 —

780 **a)**, **b)** $\alpha = \beta = 45°$

781 **b)**

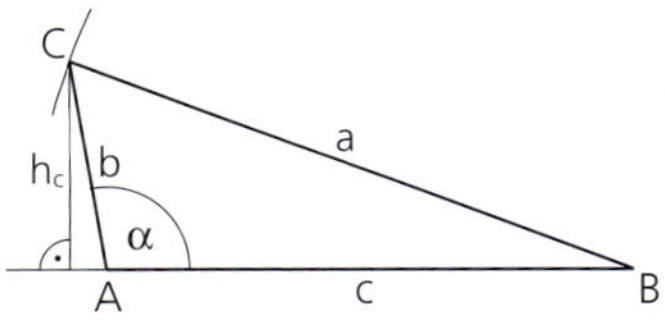

782 **d)**

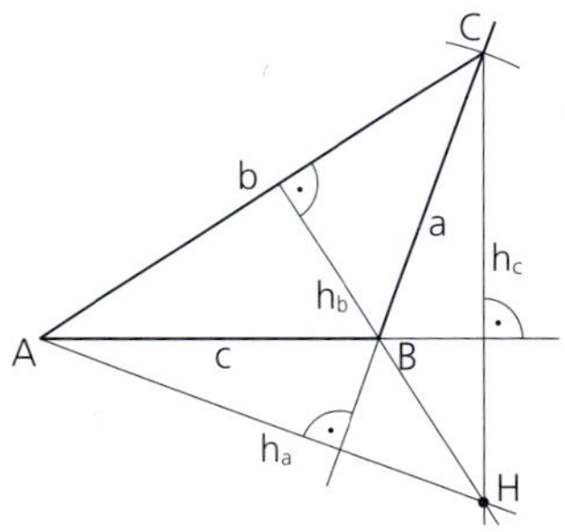

783 Im Eckpunkt, in dem der rechte Winkel liegt.

784 U liegt beim spitzwinkligen Dreieck innerhalb des Dreiecks, beim stumpfwinkligen außerhalb und beim rechtwinkligen Dreieck in der Mitte der Hypotenuse.

785 **a)** $r_U = 2{,}5$ cm **b)** $r_U = 2{,}8$ cm **c)** $r_U = 3{,}5$ cm **d)** $r_U = 2{,}9$ cm

786 **a)** $r_U = 2{,}5$ cm **b)** $r_U = 1{,}7$ cm

787 **a)** $r_U = 3{,}5$ cm **b)** $r_U = 2{,}6$ cm

788 **a)** $r_U = 2{,}3$ cm **b)** $r_U = 2{,}9$ cm **c)** $r_U = 2{,}6$ cm

789 **a)** U (3|2)

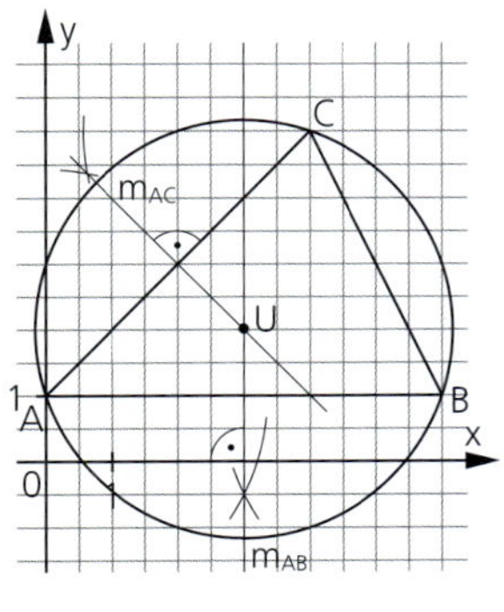

b) U (3|2)

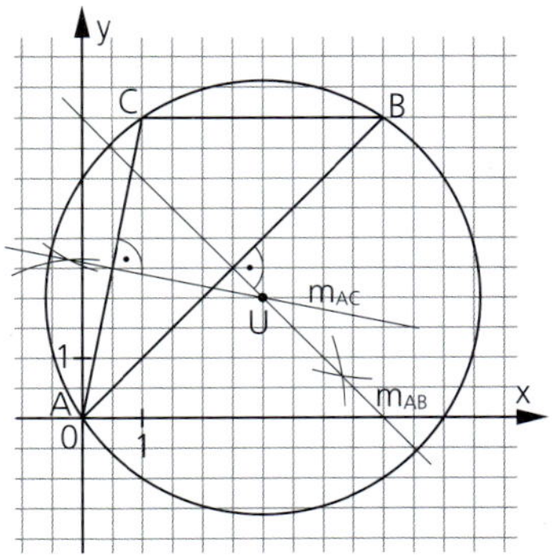

790

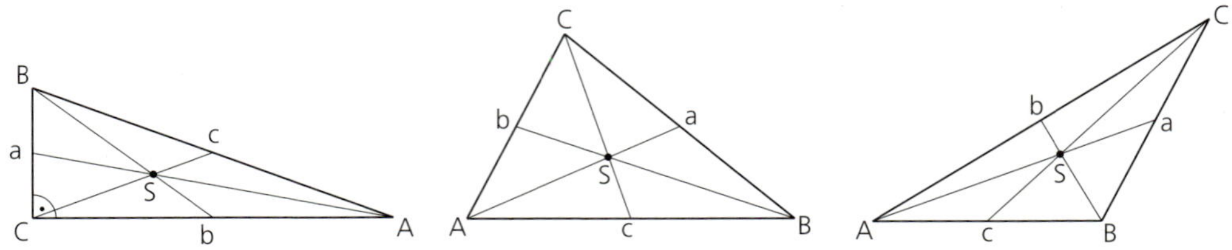

791 b = 11,2 cm

792 **a)** S (3 | 5) **b)** S (3 | 2) **c)** S (5 | 3)

793 Der Abstand vom Eckpunkt bis zum Schwerpunkt beträgt $\frac{2}{3}$ des Abstandes vom Eckpunkt bis zum Seitenmittelpunkt.

794 Es entstehen ähnliche Dreiecke mit dem gleichen Schwerpunkt.

795 ja

796 **a)** r_i = 2,2 cm **b)** r_i = 1,7 cm **c)** r_i = 1,7 cm **d)** r_i = 1,4 cm

797 **a)**

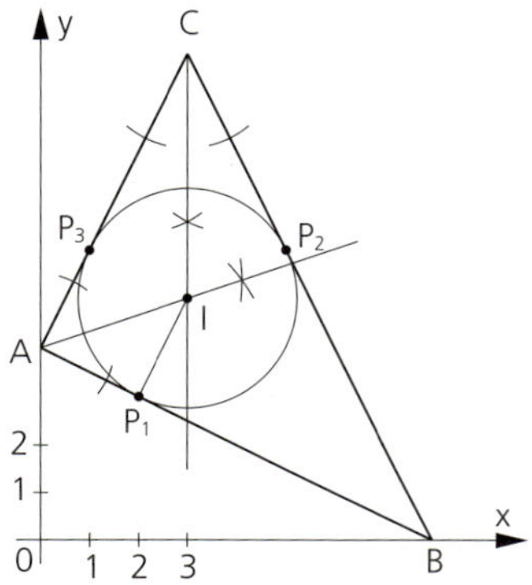

b) I (3 | 5)
ρ = 2,2 cm

c) P_1 (2 | 3)
P_2 (5 | 6)
P_3 (1 | 6)

798 **a)** Winkelsymmetrale **b)** Streckensymmetrale **c)** Höhe **d)** Schwerlinie

799 **a)** Winkel- und Streckensymmetrale **b)** Höhe und Winkelsymmetrale
c) Streckensymmetrale und Höhe

800 γ = 81°

801 h_c = 7,7 cm

802 h = 4,3 cm
Umkreis- und Inkreismittelpunkt liegen in einem Punkt.

803 **a)**

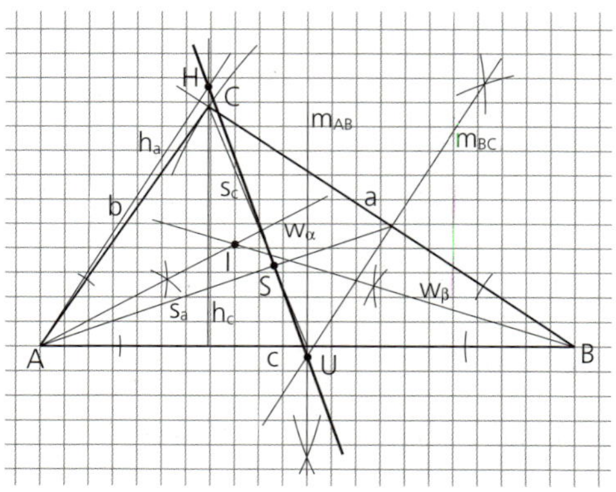

b) a = 9,6 cm **c)** h_c = 5,3 cm

Der Inkreismittelpunkt liegt nicht auf der Euler'schen Gerade.

804 h = 5,2 cm

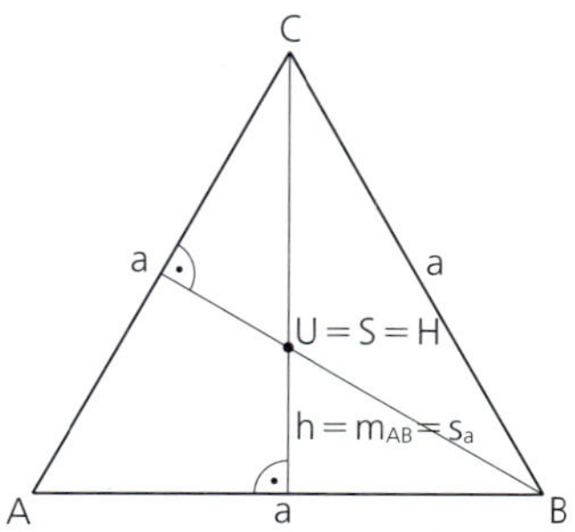

Umkreis-, Höhen- und Schwerpunkt liegen in einem Punkt. Man kann keine Euler'sche Gerade einzeichnen.

805 gemessen ca.: $\overline{AE} = \overline{BF} = \overline{CD}$ = 5,2 cm; $\overline{AH} = \overline{BH} = \overline{CH}$ = 3,5 cm

806 **a)** U liegt in der Mitte der Hypotenuse (= c) **b)** $r_u = \frac{c}{2}$
c) H liegt im Schnittpunkt der Katheten (= C)
d) Beim spitzwinkligen Dreieck liegen U und H im Dreieck.
Der Höhenschnittpunkt liegt beim stumpfwinkligen Dreieck außerhalb des Dreiecks – dem stumpfen Winkel am nächsten.
Der Umkreismittelpunkt liegt beim stumpfwinkligen Dreieck auch außerhalb – der längsten Seite am nächsten.

807 H, S, U und I liegen auf der Symmetrieachse des gleichschenkligen Dreiecks.

808 $\overline{HS} = 2 \cdot \overline{US}$

809 **a)** ~ 70 m **b)** ~ 90 m

810 **a)** ~ 81 m **b)** ~ 104 m

811 ~ 36 m

812 ~ 37 m

813 ~ 175 m

814 **a)** $\overline{AB}$ = 6,3 cm ≙ 6,3 km; Maßstab 1 : 100 000 **b)** $\overline{AB}$ = 8,4 cm ≙ 8,4 km; Maßstab 1 : 100 000

815 **a)** 448 cm² **b)** 1 890 cm² **c)** 58 cm² **d)** 4,9 cm² **e)** 0,0204 m² = 204 cm²

816 $A = \frac{a \cdot a}{2}$

817 **a)** 72 cm² **b)** 20,48 cm² **c)** 74,42 cm² **d)** 162 cm²

818 1 344 €

819 **a)** 77 m² **b)** 3 003 m² **c)** $\frac{1}{40}$

820 18 m

821 **a)** A = 15 m² **b)** A = 12 m² **c)** A = 12,75 m²

822 A = 12 cm² **a)** A = 24 cm² **b)** A = 24 cm² **c)** A = 12 cm² **d)** A = 48 cm²

823 $A = \frac{a \cdot b}{2}$ **a)** $A_1 = a \cdot b$ **b)** $A_2 = a \cdot b$ **c)** $A_3 = \frac{a \cdot b}{2}$ **d)** $A_4 = 2 \cdot a \cdot b$

824 **(1)** A = 6 cm² **(2)** A = 7,5 cm² **(3)** A = 8 cm²

825 $A = \frac{c \cdot h}{2}$

826 **a)** 96 cm² **b)** 308 cm²

827 **a)** 60 **b)** 60 **c)** 120

828 **a)** $\frac{A}{2}$ **b)** A **c), d)** $2 \cdot A$ **e)** $3{,}5 \cdot A$

829 4 kongruente, rechtwinklig-gleichschenklige Dreiecke: **a)** 9 cm² **b)** $\frac{s \cdot s}{4}$ cm²

830 Rechteck A: 300 cm²; Rechteck B: 400 cm²

831	**a)** 102 m^2	**b)** 150 m^2	**c)** 126,075 m^2	**d)** 150 m^2
832	b = 6 cm			
833	b = 8 cm			
834	**a)** b = 14 cm	**b)** b = 42 cm	**c)** b = 8 cm	
835	**a)** a = 5 cm, b = 4 cm; a = 10 cm, b = 2 cm		**b)** a = 4 cm, b = 6 cm; a = 3 cm, b = 8 cm	

836
a) a = b = 4,2 cm; $\gamma = 50°$ Triangle: isosceles, acute
b) a = 5 cm; $\beta = 126°$; $\gamma = 24°$ Triangle: scalene, obtuse
c) b = 3,6 cm; c = 4,5 cm; $\alpha = 75°$ Triangle: scalene, acute
d) a = 6 cm; $\beta = \gamma = 60°$ Triangle: equilateral, acute

837 9 cm

Gleichungen

838	**a)** 11	**b)** 3	**c)** 56	**d)** 2
839	**a)** 2	**b)** 3	**c)** 3	**d)** 2
840	**a)** a = b = e = 5; c = d = f = 13		**b)** a = d = f = 6; b = c = e = 7	
841	9 + 5 = 14;	42 − 25 = 17;	12 · 6 = 72;	144 : 8 = 18;
	7 · 13 = 91;	93 − 45 = 48;	15 · 4 = 60;	28 + 25 = 53
842	(D)			
843	(B)			
844	**a)** 9	**b)** 17	**c)** 6	**d)** 15
845	**a)** 7	**b)** 7	**c)** 5	**d)** 9
846	**a)** 5	**b)** 16	**c)** 32	**d)** 20
847	**a)**, **d)**, **e)**, **f)** ja	**b)**, **c)** nein		
848	**a)** 18	**b)** 5	**c)** 5	**d)** 3
849	**a)** x = 40	**b)** x = 40	**c)** x = 55	**d)** x = 27
850	**a)** x = 3	**b)** x = 6	**c)** x = 7	**d)** x = 15
851	**a)** x = 15	**b)** x = 108	**c)** x = 49	**d)** x = 675
852	**a)** y + 6 = 15; y = 9	**b)** x = 5 + 7; x = 12		
853	**a)** 5y = 3 + 4,5; y = 1,5	**b)** 3s + 8 = 20; s = 4		
854	**a)** 3 · 2,2 + x = 11,6; x = 5	**b)** 0,61 · 5 + t = 5,75; t = 2,7		
855	**a)** t = 15	**b)** t = 75	**c)** r = 5	**d)** x = 14
856	**a)** a = 37	**b)** v = 120	**c)** x = 21	**d)** x = 84

857	**a)** 7	**b)** 18	**c)** 6	**d)** 41	**e)** 6	**f)** 50	**g)** 16	**h)** 38
858	**a)** 10	**b)** 13	**c)** 38	**d)** 43	**e)** 7	**f)** 14	**g)** 17	**h)** 21
859	**a)** 4	**b)** 11	**c)** 8	**d)** 5	**e)** 6	**f)** 12	**g)** 3	**h)** 10
860	**a)** 8	**b)** 30	**c)** 4	**d)** 80	**e)** 30	**f)** 30		
861	**a)** 12,84	**b)** 0,65	**c)** 0,15	**d)** 6,94	**e)** 9,54	**f)** 0,7	**g)** 29,68	**h)** 17,5
862	**a)** 3,56	**b)** 49	**c)** 16,1	**d)** 13,4	**e)** 12,8	**f)** 4,45	**g)** 3,623	**h)** 3,44

863 keine Primzahl: (2), (3)

864 **a)** $3x + 4{,}4 = 11{,}6$; $x = 2{,}4$ **b)** $6t + 1{,}25 = 5{,}75$; $t = 0{,}75$

865 **a)** $5s + 9{,}7 = 15{,}95$; $s = 1{,}25$ **b)** $3g + 11{,}7 = 19{,}2$; $g = 2{,}5$

866 **a)** $5s + 7 = 22{,}5$; $s = 3{,}1$ **b)** $4a + 2 + 3 = 8{,}2$; $a = 0{,}8$

867 **a)** $x = 5$ **b)** $x = 12$ **c)** $x = 7$ **d)** $x = 25$

868 **a)** $x = 3$ **b)** $x = 1$ **c)** $x = 13{,}5$ **d)** $x = 4$

869 **a)** $x = 3$ **b)** $x = 2{,}9$ **c)** $x = 5{,}\dot{3}$ **d)** $x = 9$

870

[1] 1	6	■	[2] 7	■	[3] 3	[4] 5
[5] 4	■	[6] 1	2	[7] 8	■	6
■	[8] 2	1	■	[9] 4	[10] 2	■
[11] 5	4	■	■	■	[12] 3	1
■	[13] 8	[14] 8	■	[15] 3	4	■
[16] 7	■	[17] 2	[18] 4	7	■	[19] 5
[20] 6	[21] 3	■	6	■	[22] 3	9

871 **a)** $x + 5 = 27$ **b)** $e + 23 = 55$ **c)** $y \cdot 3 = 36$ **d)** $3 \cdot t = 15$ **e)** $z : 4 = 12$ **f)** $\frac{s}{2} = 750$

872 17

873 60

874 30

875 46

876 **a)** $2x + \frac{x}{2} = 7{,}50$; $x = 3$; Vollpreis: 3 €, Halbpreis: 1,50 €
b) $x + 3 \cdot \frac{x}{2} = 5{,}50$; $x = 2{,}20$; Vollpreis: 2,20 €, Halbpreis: 1,10 €
c) $2x + 2 \cdot \frac{x}{2} = 8{,}70$; $x = 2{,}90$; Vollpreis: 2,90 €, Halbpreis: 1,45 €

877 **a)** $4x = 38$; $x = 9{,}5$; Ein Fisch kostet 9,50 €.
b) $6{,}4 + 2x = 10$; $x = 1{,}8$; Ein Glas Essiggurken kostet 1,80 €.
c) $6 + 2 \cdot 1{,}90 = x \cdot 1{,}4$; Eine Packung Kaffee und 2 Packungen Kekse kosten so viel wie 7 Gläser Marmeldae.

878 Michi: 7,5 €; Hannes: 12,5 €

879 Irene: 12 €; Nadine: 20 €

880 Mutter: 36 Jahre; Vater: 45 Jahre

881 **a)** Fahrrad: 250 €; Moped 750 € **b)** Fahrrad: 220 €; Moped: 660 €

882 Die Gesamtstrecke beträgt **a)** 141 km **b)** 690 km

883 22 Personen

884 Eine Theaterkarte kostet 34 €.

885 —

886 5 cm

887 Länge: 14 cm; Breite: 6 cm

888 $a = 15$ cm; $b = 17$ cm; $c = 18$ cm

889 $a = 11$ cm; $b = 6$ cm; $c = 13$ cm

890 $a = 26$ cm; $b = 13$ cm; $c = 16$ cm

891 **a)** 12 cm **b)** 9 cm **c)** 5 cm

892 **a)** $U = a + b + c$ **b)** $U = 15$ cm

893 **a)** $U = 2a + 2b$ **b)** $U = 20$ cm

894 **a)** $A = a \cdot b$ **b)** $A = 31{,}5\ cm^2$

895 **a)** $c = a + b$; $a = c - b$; $b = c - a$
b) $u = x + y + z$; $x = u - y - z$; $y = u - x - z$; $z = u - x - y$
c) $e = a + b + c + d$; $a = e - b - c - d$; $b = e - a - c - d$; $c = e - a - b - d$; $d = e - a - b - c$

896 **a)** $z = x + 2y$; $x = z - 2y$; $y = (z - x) : 2$
b) $s = m + 2p + r$; $m = s - 2p - r$; $r = s - m - 2p$; $p = (s - m - r) : 2$
c) $z = 3x + 2y$; $x = (z - 2y) : 3$; $y = (z - 3x) : 2$

897 **a)** 9 mm **b)** 0,5 cm **c)** 0,8 cm

898 **a)** $x = 2a + b$; $y = c - a$ **b)** $x = a - c$; $y = d - b$ **c)** $x = b - a$; $y = c - 2a$

899 **a)** $x = 25$ cm; $y = 11$ cm **b)** $x = 15$ cm; $y = 7$ cm

900 **a)** $u = 4l + 2b$ **b)** $u = 2a + 2b$ **c)** $u = 4r + 4s$ **d)** $u = 2r + 2s + 2t + 2u$

901 **a)** $A = 2 \cdot b \cdot l$ **b)** $A = a \cdot b - a \cdot d + c \cdot d$
c) $A = 3 \cdot r \cdot s$; $A = 2r \cdot 2s - r \cdot s$; $A = 2r \cdot s + r \cdot s$ **d)** $A = r \cdot u + t \cdot u + r \cdot s$

902 $\beta = 90 - \alpha$

903 $\alpha = \frac{180 - \gamma}{2}$

904 $s = U : 4$

905 $l = \frac{U - 2b}{2}$

906 $a = \frac{2A}{b}$

907 $G = 8 \cdot a + 5 \cdot b + g - p$

908 **a)** $G = 3\,860$ € **b)** 4 280 €

909 **a)** 3 m **b)** $2x + 4$ **c)** $a + 4$; $4a + 8$ **d)** $x + 50$

910 **a)** c … CDs
d … DVDs
$c = 3 \cdot d$
b) g … gebrauchtes Auto
n … neues Auto
$g + 2\,800 = n$
c) s … Anzahl von Sinans Stickern
p … Anzahl von Patricks Stickern
$\frac{3}{2}p = s$

911 **a)** Im Garten stehen doppelt so viele Apfelbäume wie Birnenbäume. **b)** $15 - b$

912 **a)** Es gibt 3-mal so viele Mädchen wie Buben. **b)** Es gibt 5 Mädchen mehr als Buben.
c) Es gibt 4 Buben mehr als Mädchen. **d)** Es gibt doppelt so viele Buben wie Mädchen.

913 **a)** $a = 2m$ **b)** $a = m + 27$

914 11 Pferde

915 **(1)** $5x + 18 = 108$; $x = 18$ **(2)** $18x = 108$; $x = 6$ **(3)** $2x - 18 = 108$; $x = 63$
(4) $81 + x = 108$; $x = 27$ **(5)** $81 : x = 18$; $x = 4{,}5$

916 **a)** $m = 7$ **b)** $b = 8$ **c)** $a = 136$

917 **a)** $p = e + k$ **b)** $E_e = e \cdot 6$ **c)** $E_k = k \cdot 2{,}5$ **d)** $E_G = e \cdot 6 + k \cdot 2{,}5$

918 C

919 **a)** $0 = 2g$ **b)** $r + 10 = w$ **c)** $r = 0$ **d)** 52 Gummibärchen

920 Birne: 15 dag; Apfel: 20 dag

921 nein; a ist um 2 kleiner als ein Drittel von b

Vierecke und Vielecke

922 —

923 —

924 **a)** $a = \overline{AB}$; $b = \overline{BC}$; $c = \overline{CD}$; $d = \overline{AD}$; $e = \overline{AC}$; $f = \overline{BD}$
b) $\alpha = \measuredangle DAB$; $\beta = \measuredangle ABC$; $\gamma = \measuredangle BCD$; $\delta = \measuredangle CDA$

925 **a)** $\delta = 162°$ **b)** $\alpha = 138°$ **c)** $\gamma = 92°$ **d)** $\gamma = 105°$

926 **a)** $360 - \alpha - \beta - \gamma = 360 - (\alpha + \beta + \gamma) = \delta$ **b)** $360 - \beta - \gamma - \delta = 360 - (\beta + \gamma + \delta) = \alpha$
c) $360 - \alpha - \gamma - \delta = 360 - (\alpha + \gamma + \delta) = \beta$

927 $\alpha = 120°$; $\beta = 100°$; $\gamma = 70°$; $\delta = 70°$; Summe: 360°

928 S (4|3)

929 Der 4. Winkel ergibt sich aus der Winkelsumme.

930 **a)** $\alpha = \gamma = 45°$; $\beta = \delta = 135°$ **b)** $\alpha = \gamma = 98°$; $\beta = \delta = 82°$ **c)** $\alpha = \gamma = 107°$; $\beta = \delta = 73°$

931 **(1)** f = 3 cm **(2)** f = 4,9 cm **(3)** f = 6 cm **(4)** f = 7,3 cm

932 **b)**

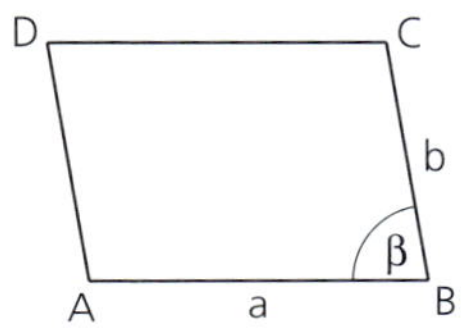

c) $\beta = 120°$ **d)** $\alpha = 65°$

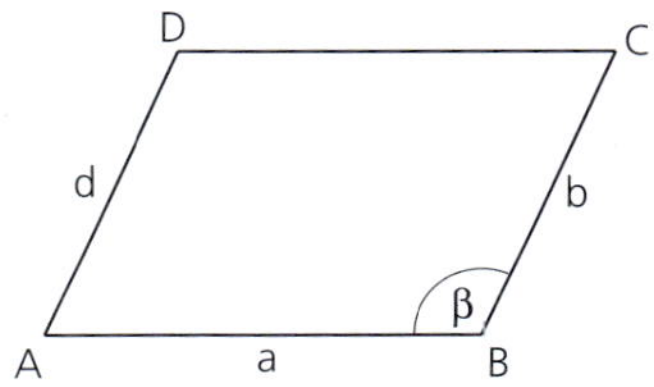

933 —

934 **a)** Anleitung: Beginne mit e, zeichne im Halbierungspunkt von e den Winkel $\measuredangle$ (e, f) ein und trage nach beiden Seiten $\frac{f}{2}$ ab.
b) Anleitung: Beginne mit a, schlage von A aus $\frac{e}{2}$ und von B aus $\frac{f}{2}$ ab.

935 —

936 —

937 **a)** $\alpha + \beta = 180°$; $\alpha + 2\alpha = 180°$; $3\alpha = 180°$; $\alpha = 60°$; $\beta = 120°$
b) $\alpha + 3\alpha = 180°$; $4\alpha = 180°$; $\alpha = 45°$; $\beta = 135°$

938 **a)** $r_u = 2{,}7$ cm **b)** $r_u = 3{,}5$ cm **c)** $r_u = 2{,}75$ cm

939 **a)** $r_u = 2{,}9$ cm **b)** $r_u = 1{,}7$ cm **c)** $r_u = 2{,}3$ cm

940 Ein Winkel ist jeweils ein rechter Winkel, die beiden anderen sind jeweils Parallelwinkel.

941 Ein Winkel ist jeweils ein rechter Winkel, die beiden anderen sind jeweils Parallelwinkel.

942 —

943 —

944 **a)** $\alpha = \gamma = 30°$; $\beta = \delta = 150°$ **b)** $\alpha = \gamma = 105°$; $\beta = \delta = 75°$
c) $\alpha = \gamma = 46°$; $\beta = \delta = 134°$

945 **a)** $\beta = \delta = 180° - \alpha$; $\gamma = \alpha$ **b)** $\alpha = \gamma = 180° - \beta$; $\delta = \beta$
c) $\beta = \delta = 180° - \gamma$; $\gamma = \alpha$ **d)** $\alpha = \gamma = 180° - \delta$; $\delta = \beta$

946 **a)** $\alpha = \gamma = 66°$; $\beta = \delta = 114°$ **b)** $\alpha = \gamma = 96°$; $\beta = \delta = 84°$
c) $\alpha = \gamma = 126°$; $\beta = \delta = 54°$ **d)** $\alpha = \gamma = 112°$; $\beta = \delta = 68°$

947 **a)** $r_i = 2$ cm **b)** $r_i = 1{,}9$ cm **c)** $r_i = 2{,}4$ cm

948 **a)** $r_i = 2{,}2$ cm **b)** $r_i = 2{,}1$ cm **c)** $r_i = 2{,}4$ cm

949 Anleitung: Zeichne e, halbiere e, mache im Halbierungspunkt einen rechten Winkel und schlage auf beiden Seiten $\frac{f}{2}$ ab.

950 **a)** a = 4,9 cm **b)** a = 3,7 cm **c)** a = 5,0 cm

951 Die Seiten stehen nicht im rechten Winkel zueinander.

952 **a)** $\alpha = \gamma = 56°$; $\beta = \delta = 124°$ **b)** $\alpha = \gamma = 66°$; $\beta = \delta = 114°$
c) $\alpha = \gamma = 104°$; $\beta = \delta = 76°$ **d)** $\alpha = \gamma = 104°$; $\beta = \delta = 76°$

953 Parallelogramm: $\measuredangle$ DAC = 54°; $\measuredangle$ CAB = 16° Raute: $\measuredangle$ DAC = 35°; $\measuredangle$ CAB = 35°

954 **a)** Sie halbieren die Katheten $\frac{e}{2}$, $\frac{f}{2}$ und einen rechten Winkel (SWS-Satz).
b) $\overline{BA} = a$; $\overline{BM} = \frac{f}{2}$; $\overline{MA} = \frac{e}{2}$ **c)** $A = 4 \cdot \frac{1}{2} \cdot \frac{e}{2} \cdot \frac{f}{2} = \frac{e \cdot f}{2}$; Teildreieck: $A = \frac{e \cdot f}{8}$

955 **a)** $r_i = 2{,}5$ cm; $r_u = 3{,}5$ cm **b)** $r_i = 2{,}1$ cm; $r_u = 3$ cm **c)** $r_i = 1{,}9$ cm; $r_u = 2{,}7$ cm

956 zur Kontrolle: **a)** a = 4 cm **b)** a = 4,2 cm **c)** a = 4,6 cm **d)** a = 3,5 cm

957 ja

958 Inkreis: Raute, Quadrat; Umkreis: Rechteck, Quadrat

959 Die Vierecke 1–3 und 5–6 sind Trapeze, da jeweils 2 Seiten parallel sind.

960 **a)** zur Kontrolle: e = 6 cm; f = 7 cm **b)** zur Kontrolle: e = 5,6 cm; f = 6 cm

961 **a)** zur Kontrolle: f = 6,6 cm; $\beta = 69°$ **b)** zur Kontrolle: f = 5,3 cm; $\alpha = 63°$

962 **a)** $r_u = 2{,}8$ cm **b)** $r_u = 2{,}4$ cm

963 **a)** $r_u = 3$ cm **b)** $r_u = 2{,}9$ cm

964 **a)** $r_u = 3{,}3$ cm **b)** $r_u = 3{,}2$ cm

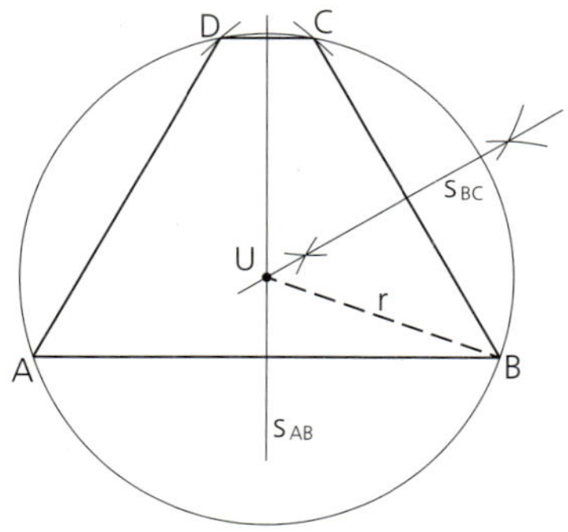

965 Die Winkelsymmetralen schneiden einander nicht in einem Punkt.

966 **a)** $\gamma = 104°$; $\delta = 130°$ **b)** $\beta = 127°$; $\delta = 108°$

967 **a), b)** Dreieck, Parallelogramm **c)** 2 rechtwinklige Dreiecke, Rechteck **d)** 2 Dreiecke

968 —

969 $x = \frac{a - c}{2}$

970

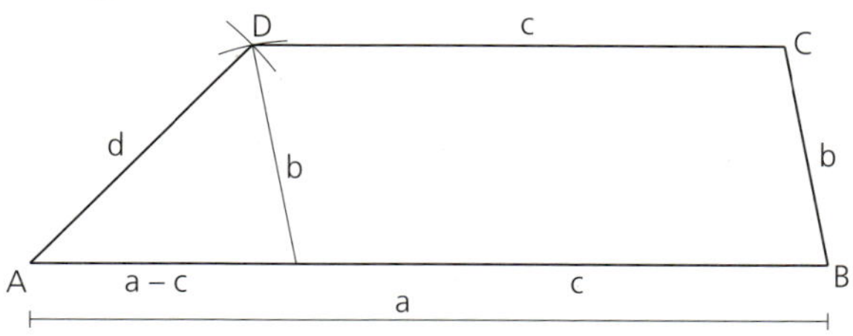

Ein Winkel ist ein rechter Winkel, eine Teilfläche fällt weg.

971 —

972 **a)** $A = \frac{8 \cdot 6}{2} + 8 \cdot 8 = 88\ cm^2$ **b)** $A = \frac{5 \cdot 12}{2} + 7 \cdot 12 = 114\ cm^2$

973 zur Kontrolle: **a)** $e = 6{,}6$ cm **b)** $f = 3{,}6$ cm

974 zur Kontrolle: **a)** $f = 4{,}1$ cm **b)** $b = 6{,}1$ cm

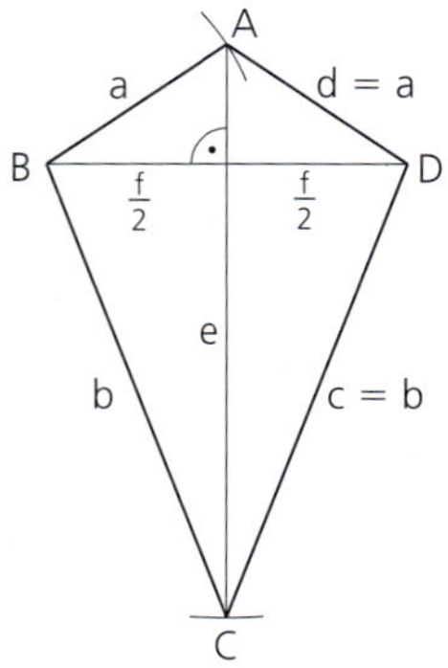

975 zur Kontrolle: **a)** $e = 5{,}7$ cm **b)** $a = 4{,}1$ cm

976 **a)** $r_i = 1{,}8$ cm **b)** $r_i = 1{,}9$ cm

977 **a)** $r_i = 1{,}8$ cm **b)** $r_i = 1{,}9$ cm

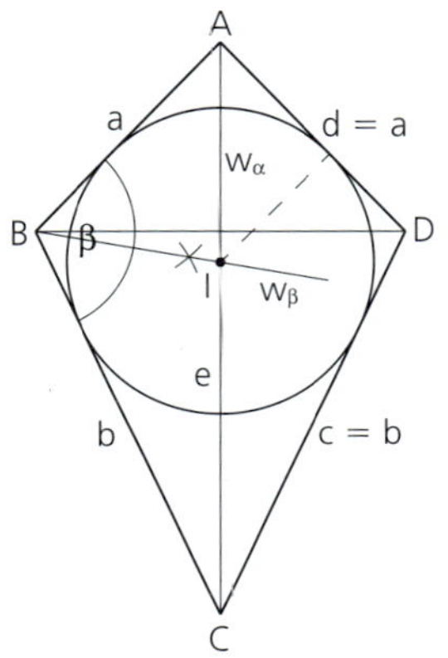

978 **a)** $r_i = 1{,}7$ cm **b)** $r_i = 1{,}9$ cm

979 **c)**

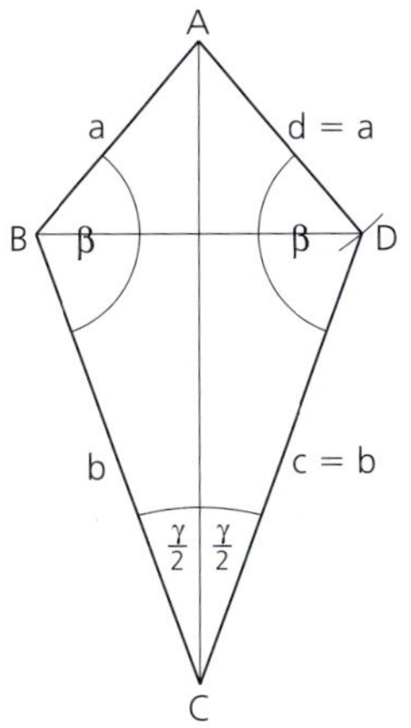

980 **a)** $\delta = 115°$; $\gamma = 65°$ **b)** $\delta = 90°$; $\alpha = 55°$

981 Die Seitensymmetralen schneiden einander nicht in einem Punkt.

982 Die Raute ist ein Sonderfall des Deltoids.
Gemeinsamkeit: Diagonalen stehen im rechten Winkel
nur Raute: alle Seiten gleich lang und parallel
Diagonalen halbieren einander; gegenüberliegende Winkel sind gleich groß

983 nein; Quadrate und Rechtecke haben parallele Seiten.

984 zur Kontrolle: $e = \overline{AC} = 5$ cm

985 zur Kontrolle: $e = \overline{AC} = 4{,}8$ cm

986 zur Kontrolle: $e = 5{,}3$ cm

987 zur Kontrolle: $e = 4{,}3$ cm

988 zur Kontrolle: **a)** $\alpha = 81°$; $\beta = 73°$ **b)** $\alpha = 69°$; $\beta = 104°$

989 zur Kontrolle: **a)** e = 5,7 cm **b)** e = 4,8 cm

990 —

991 —

992 —

993 **a)** Jeder Rhombus kann als Parallelogramm aufgefasst werden.
b) Jedes Quadrat kann als Rhombus aufgefasst werden.

994 **a)** Deltoid **b)** gleichschenkliges Trapez **c)** Raute **d)** Rechteck

995 Weil das Parallelogramm keine Symmetrieachse hat.

996 —

997 Quadrat, Rhombus

998 —

999 Agnes: Trapez Belent: Deltoid, Quadrat, Rhombus Markus: Deltoid Sophie: Rhombus

1000 **a)** Raute, Quadrat, Deltoid **b)** Rechteck, Quadrat, gleichschenkliges Trapez
c) Rechteck, Quadrat, gleichschenkliges Trapez **d)** Raute, Quadrat, Deltoid

1001 —

1002 **a)** Quadrat **b)** Deltoid **c)** Raute **d)** Parallelogramm **e)** Trapez

1003 **a)** Deltoid **b)** Raute **c)** Dreieck **d)** Quadrat

1004 —

1005 **a)** Deltoid, Raute **b)** Parallelogramm, Deltoid **c)** Quadrat, Parallelogramm

1006 **a)**, **b)**, **c)** Die Teildreiecke sind kongruent.

1007 **a)**, **b)** $\triangle AMD \cong \triangle BMC$; $\triangle ABM \cong \triangle CDM$ **c)** $\triangle ASD \cong \triangle BSC$

1008

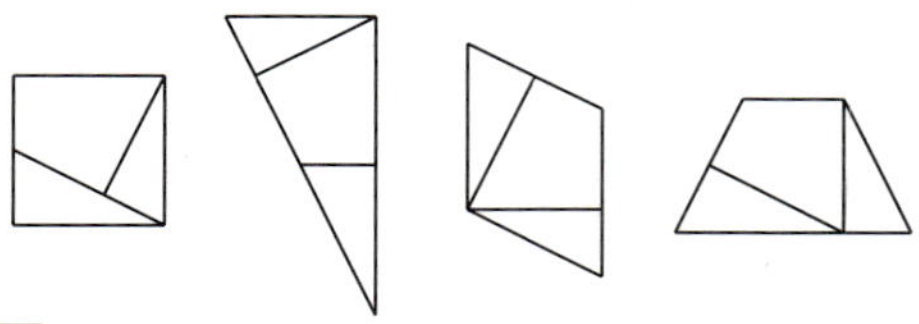

1009 —

1010 **a)** Trapez **b)** Deltoid **c)** Parallelogramm **d)** Raute

1011 **a)** D (7|2,5) **b)** D (5|2,5)

1012 **a)** C (1,5|4,5) **b)** z. B.: 1,5

1013 **a)** Quadrat **b)** Deltoid

1014 **a)** 146 m **b)** 140 m **c)** 140 m **d)** 141 m

1015 **a)** Rechteck, Parallelogramm **b)** Quadrat, Raute

1016 **a)** $u = 2 \cdot (a + b)$ **b)** $u = a + b + c + d$ **c)** $u = 4a$
d) $u = a + b + c + d$ **e)** $u = 2 \cdot (a + b)$

1017 **a)** $\delta = 117°$; $\gamma = 124°$ **b)** $\alpha = \gamma = 50°$; $\beta = \delta = 130°$
c) $\beta = 90°$; $\delta = 75°$ **d)** $\alpha = 74°$; $\beta = \delta = 117°$; $\gamma = 52°$

1018 **a)** einer **b)** zwei **c)** einer **d)** zwei

1019 —

1020 —

1021 **b)**

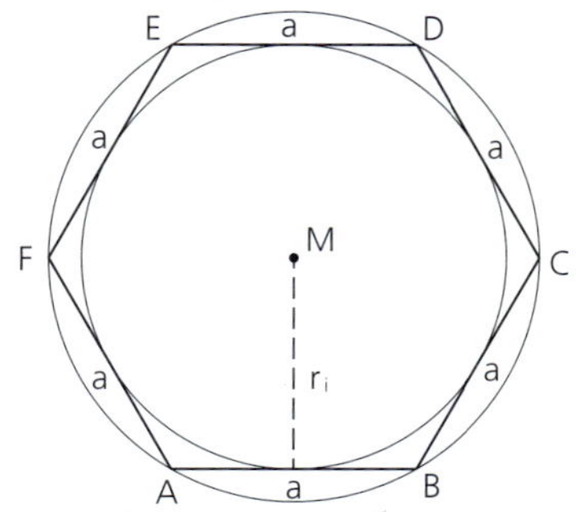

1022 —

1023 gleichseitiges Dreieck

1024 Quadrat

1025 Stern

1026 Sterne

1027 **a)** 5-Eck, 6-Eck, Raute **b)** 8-Eck, Quadrat, Rechteck
c) Parallelogramm, Raute, 6-Eck **d)** Quadrat, Rechteck, Parallelogramm

1028 —

1029 Die Teile der Figur sind anders zusammengesetzt.

1030 1 und 3; 2 und 6; 4 und 5

1031 **a)** 54 cm^2 **b)** 148,5 cm^2 **c)** 80 cm^2 **d)** 166,5 cm^2

1032 **a)** $A = 24\ cm^2$ **b)** $A = 18\ cm^2$

1033 $A = \frac{e \cdot f}{2}$ **a)** 12 cm^2 **b)** 12 cm^2 **c)** 12 cm^2; Raute

1034 **a)** 128 cm^2 **b)** 1 350 cm^2 **c)** 9 792 cm^2 **d)** 3 584 cm^2

1035 **a)** $A = a \cdot b + \frac{a \cdot b}{2} = \frac{3ab}{2}$ **c)** $A = a \cdot b + \frac{a \cdot a}{4}$ **d)** $A = 2 \cdot a \cdot b + \frac{a \cdot (a - b)}{2}$

1036 **a)** $A = x \cdot x + \frac{x \cdot y}{2}$ **b)** $A = \frac{u \cdot u}{2} + u \cdot v$
c) $A = r \cdot p + \frac{s \cdot p}{2}$ **d)** $A = a \cdot b + \frac{a \cdot a}{2} + \frac{a \cdot c}{2}$

1037 **a)** $A = 2 \cdot a \cdot a + a \cdot a = 3 \cdot a \cdot a$ **b)** $A = (d + e) \cdot e + \frac{(d + e) \cdot d}{2}$
c) $A = 2 \cdot r \cdot r + r \cdot (p - r)$ **d)** $A = \frac{(x + y) \cdot x}{2}$ oder $A = x \cdot x + \frac{x \cdot (y - x)}{2}$

1038 **a)** (2) **b)** (1) **c)** (3) **d)** (4)

1039 **a)**

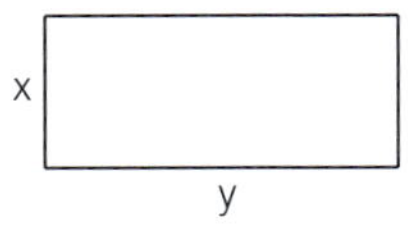

b)

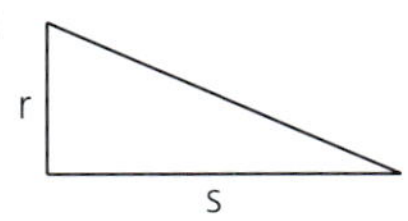

c)

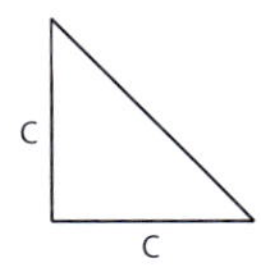

d)

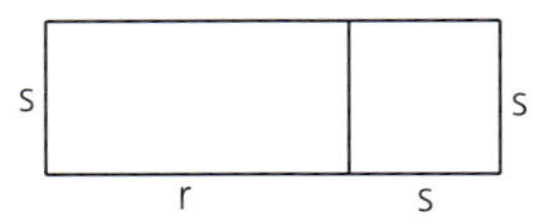

e)

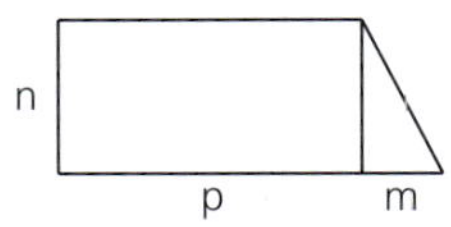

f)

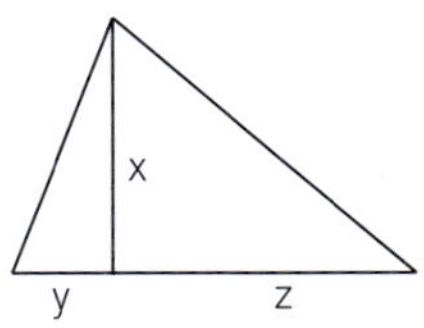

1040 **a)** 1 : 100; $a = 14{,}4$ m **b)** 1 : 100; $c = 5{,}6$ m **c)** 1 : 100; $\alpha = 60°$

1041 **a)** 1 : 100; $h = 4{,}3$ m **b)** 1 : 200; $\alpha = 27°$ **c)** 1 : 100; $h = 5{,}5$ m

1042 —

1043 **a)** $\alpha = 33°$ **b)** $\alpha = 45°$ **c)** $h = 3{,}1$ m **d)** $h = 2{,}8$ m

1044 **a)** 71,76 m^2 **b)** 54,52 m^2 **c)** 117,8 m^2 **d)** 109,2 m^2

1045 (1) **a)** ~ 2 297 Stück **b)** ~ 1 745 Stück **c)** ~ 3 770 Stück **d)** ~ 3 495 Stück
(2) **a)** ~ 718 Stück **b)** ~ 546 Stück **c)** ~ 1 178 Stück **d)** ~ 1 092 Stück

1046 (1) **a)** 1 699,78 € **b)** 1 291,3 € **c)** 2 789,8 € **d)** 2 586,3 €
(1) **a)** 1 199,06 € **b)** 911,82 € **c)** 1 967,26 € **d)** 1 823,64 €

1047 square, rhombus, kite

1048 Detailed description of the construction:

c) Parallelogramm: $\overline{AB}$ = 5 cm; $\overline{BC}$ = 3,5 cm; α = 60°

$\overline{AB}$: Draw the line and mark point A. Set the compasses to a length of 5 cm. With the compasses point at A, draw arc1 to intersect g (AB) at B. $\overline{AB}$ = 5 cm.

α = 60°: With the compasses point at A draw arc2 → X. With the compasses point at X and the same setting draw arc3 → Y. Draw $\overrightarrow{AY}$ and you get α = 60°.

$\overline{AD}$: Set the compasses to a length of 3,5 cm. With the compasses point at A, draw arc4 to intersect g (AY) at D. $\overline{AD}$ = 5 cm.

ABCD: Draw a line parallel to AB that passes through D. Draw a line parallel to AD that passes through B. The point of interection of the two lines is point C.
Circumcircle: rectangle, square, isosceles trapezoid.

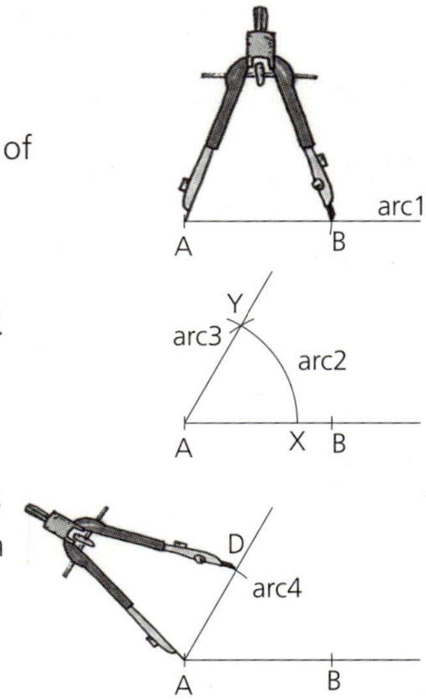

1049 incircle: rhombus, kite, square

Die Prozentrechnung

1050 2 A: $\frac{75}{100}$ = 75 %; 2 B: $\frac{80}{100}$ = 80 %

1051 3 A: $\frac{80}{100}$ = 80 %; 3 B: $\frac{75}{100}$ = 75 %

1052 4 A: $\frac{32}{100}$ = 32 %; 4 B: $\frac{30}{100}$ = 30 %

1053 **a)** 8 % **b)** 12 % **c)** 130 % **d)** 82 % **e)** 153 % **f)** 99 % **g)** 1 % **h)** 145 %

1054 **a)** 41 % **b)** 83 % **c)** 4 % **d)** 60 % **e)** 100 % **f)** 30 % **g)** 50 % **h)** 21 %

1055 **a)** 7 % **b)** 70 % **c)** 150 % **d)** 15 % **e)** 105 % **f)** 140 % **g)** 104 % **h)** 3 %

1056 **a)** $\frac{2}{100}$ = 0,02 **b)** $\frac{45}{100}$ = 0,45 **c)** $\frac{18}{100}$ = 0,18
d) $\frac{250}{100}$ = 2,5 **e)** $\frac{30}{100}$ = 0,30 **f)** $\frac{150}{100}$ = 1,5

1057 **a)** $\frac{50}{100}$ = 50 % = 0,5 **b)** $\frac{75}{100}$ = 75 % = 0,75 **c)** $\frac{80}{100}$ = 80 % = 0,8 **d)** $\frac{4}{100}$ = 4 % = 0,04
e) $\frac{15}{100}$ = 15 % = 0,15 **f)** $\frac{60}{100}$ = 60 % = 0,6 **g)** $\frac{12}{100}$ = 12 % = 0,12 **h)** $\frac{200}{100}$ = 200 % = 2

1058 **a)** $\frac{75}{100}$ = 0,75 = 75 % **b)** $\frac{1}{4}$ = 0,25 = 25 % **c)** $\frac{3}{25} = \frac{12}{100}$ = 12 % **d)** $\frac{9}{20} = \frac{45}{100}$ = 0,45 = 45 %
e) $\frac{60}{100}$ = 0,60 = 60 % **f)** $\frac{1}{2}$ = 0,5 = 50 % **g)** $\frac{3}{5} = \frac{60}{100}$ = 60 % **h)** $\frac{1}{20} = \frac{5}{100}$ = 0,05 = 5 %

1059 0,07 = $\frac{7}{100}$ = 7 %; 0,5 = $\frac{1}{2}$ = 50 %; 0,3 = $\frac{3}{10}$ = 30 %; 0,75 = $\frac{3}{4}$ = 75 %;
0,01 = $\frac{1}{100}$ = 1 %; 0,1 = $\frac{1}{10}$ = 10 %; 0,25 = $\frac{1}{4}$ = 25 %

1060 gerundet **a)** 13 % **b)** 63 % **c)** 57 % **d)** 92 % **e)** 47 % **f)** 14 % **g)** 93 %

1061 **a)** $\frac{3 \cdot x}{100}$ **b)** $\frac{15 \cdot y}{100}$ **c)** $\frac{20 \cdot z}{100}$ **d)** $\frac{50 \cdot r}{100}$ **e)** $\frac{70 \cdot s}{100}$ **f)** $\frac{12 \cdot t}{100}$

1062 **a)** $\frac{1}{2} \cdot a = 0{,}5 \cdot a = 50\ \%$ von a **b)** $\frac{3}{4} \cdot b = 0{,}75 \cdot b = 75\ \%$ von b
c) $\frac{3}{8} \cdot c = 0{,}375 \cdot c = 37{,}5\ \%$ von c

1063 Es hat sich nichts verändert; die Aussagen sind identisch.

1064 Es hat sich nichts verändert; die Aussagen sind identisch.

1065 **a)** blau und weiß: $\frac{1}{2} = \frac{50}{100} = 0{,}5 = 50\ \%$
b) blau, **c)** weiß: $\frac{1}{4} = \frac{25}{100} = 0{,}25 = 25\ \%$ **b)** weiß, **c)** blau: $\frac{3}{4} = \frac{75}{100} = 0{,}75 = 75\ \%$
d) blau: $\frac{2}{3} \sim 0{,}67 \sim 67\ \%$ weiß: $\frac{1}{3} \sim 0{,}33 \sim 33\ \%$
e) blau: $\frac{1}{5} = \frac{20}{100} = 0{,}2 = 20\ \%$ weiß: $\frac{4}{5} = \frac{80}{100} = 0{,}8 = 80\ \%$

1066 **a)** rosa: $\frac{3}{4} = \frac{75}{100} = 0{,}75 = 75\ \%$ weiß: $\frac{1}{4} = \frac{25}{100} = 0{,}25 = 25\ \%$
b) rosa: $\frac{1}{8} = 0{,}125 = \frac{125}{1000} = 12{,}5\ \%$ weiß: $\frac{7}{8} = 0{,}875 = \frac{875}{1000} = 87{,}5\ \%$
c) rosa: $\frac{4}{5} = \frac{80}{100} = 0{,}8 = 80\ \%$ weiß: $\frac{1}{5} = \frac{20}{100} = 0{,}2 = 20\ \%$
d) rosa: $\frac{2}{3} \sim 0{,}67 \sim 67\ \%$ weiß: $\frac{1}{3} \sim 0{,}33 \sim 33\ \%$

1067 **a)** blau: $\frac{3}{8} = 0{,}375 = \frac{375}{1000} = 37{,}5\ \%$ weiß: $\frac{5}{8} = 0{,}625 = \frac{625}{1000} = 62{,}5\ \%$
b) blau und weiß: $\frac{4}{8} = \frac{1}{2} = 0{,}5 = \frac{50}{100} = 50\ \%$
c) blau: $\frac{1}{3} \sim 0{,}33 \sim 33\ \%$ weiß: $\frac{2}{3} \sim 0{,}67 \sim 67\ \%$
d) blau und weiß: $\frac{2}{4} = \frac{1}{2} = 50\ \%$

1068 —

1069 **c)** 25 % (4. Teil des Ganzen) **d)** 12,5 % (8. Teil des Ganzen) **e)** 20 % (5. Teil des Ganzen)
f) 10 % (10. Teil des Ganzen) **g)** 33 % (3. Teil des Ganzen)

1070 **a)**

30 % Rad	70 % fahren nicht mit dem Rad

1071 Prozentstreifen, Prozentkreis

1072 $1\ \% = \frac{1}{100} = 0{,}01$
1 % ist „1 von 100"

1073 Sasha: Anteile; Georg: Anzahl

1074 —

1075 **a)** 31 % **b)** 14 % **c)** 18,8 % **d)** 16 % **e)** 3,2 %

1076 65 Schüler … Grundwert
13 Schüler … Prozentwert
20 % … Prozentsatz

1077 1 500 kg … Grundwert
1 125 kg … Prozentwert
75 % … Prozentsatz

1078 G = 20 Spiele; A = 12 Spiele; p = 60 %

1079 **a)** G = 48 Schüler; A = 12 Schüler **b)** A = 16 Schüler; p = 75 %
c) p = 60 %; G = 53 000 Personen **d)** A = 425,60 €; G = 532 €

1080 8,6 €; 0,15 €; 0,06 €; 56 €; 0,04 €; 4,5 €; (a : 100) €

1081 6 €; 9 kg; 1 dag; 40 kg; 15,6 l; 8,2 €; (a : 50) €

1082 25 €; 12 kg; 0,75 t; 0,2 m; 230 m; 6 t; (a : 20) €

1083 46 m; 90 kg; 70 €; 0,2 kg; 35 l; 2 t; (a : 10) €

1084 **a)** 8 € **b)** 20 € **c)** 16 € **d)** 60 € **e)** 35 € **f)** 60 € **g)** 5 · r € **h)** $\frac{x \cdot p}{100}$ €

1085 **a)** 0,15 kg **b)** 0,16 kg **c)** 0,28 kg **d)** 0,9 kg **e)** 0,3 kg **f)** 0,24 kg **g)** k : 25 € **h)** $\frac{b \cdot a}{100}$ €

1086 Verkaufspreis: 2 482 €; Verlust: 918 €

1087 47,45 hl

1088 600 m^2

1089 Jasmin: 36 Punkte; Andreas: 40,5 Punkte

1090 7,15 Milliarden

1091 13,5 kg

1092 **a)** 147,9 Millionen km^2 **b)** 71 % **c)** 20 % der Landfläche; 29,58 Mio. ~ 30 Mio. km^2

1093 **a)** 5 km **b)** 12,5 km **c)** 3,75 km **d)** 9 km

1094 Die Prozentsätze beziehen sich auf verschiedene Grundwerte.

1095 **a)** 19,18 € **b)** 1,13 € **c)** 648 € **d)** 21,94 €

1096 **a)** 93,86 € **b)** 18,24 € **c)** 9,92 € **d)** 97,92 €

1097 $\frac{1}{3}$ von 1 200 € = 400 €; 30 % von 1 200 € = 360 €

1098 Schale: 7,15 g; Eiklar: 38,85 g; Dotter: 19,5 g

1099 146,3 €

1100 Nahrungsmittel, Getränke: 579,6 €
Beheizung, Beleuchtung: 110,4 €
Bekleidung, Wäsche: 242,88 €
Verkehrsmittel: 441,6 €
Wohnung: 703,8 €
Freizeit, Urlaub: 441,6 €

1101 **a)** 1 250 kcal – 1 500 kcal Kohlenhydrate
375 kcal – 725 kcal Eiweiß
625 kcal – 750 kcal Fett
b) 305 g – 366 g Kohlenhydrate
91 g – 177 g Eiweiß
67 g – 81 g Fett

1102 **a)** 5 %; 13 %; 56 %; 5,5 %; 12,5 %
b) 3 %; 5 %; 8 %; 60 %; 80 %
c) 1 %; 2 %; 10 %; 50 %; 20 %
d) 1 %; 20 %; 0,1 %; 35 %; 50 %

1103 **a)** 18 % **b)** 34 % **c)** 50 % **d)** 75 % **e)** 4,5 % **f)** 23,5 %

1104 **a)** 1 % **b)** 3 % **c)** 10 % **d)** 50 % **e)** 25 % **f)** 20 %

1105 **a)** 75 % **b)** 20 % **c)** $33\frac{1}{3}$ % **d)** 50 % **e)** 2,5 % **f)** 10 %

1106 25 %

1107 70 %

1108 30 %

1109 **a)** 45 % **b)** 24 % **c)** 55 % **d)** 35 % **e)** 27 % **f)** 5,8 %

1110 **a)** 6,4 % **b)** 10,7 % **c)** 31,8 % **d)** 37,5 %

1111 Renes Zimmer: 15,2 %; Andreas Zimmer: 16,7 %

1112 Fichtenholz: 260 kg Verlust = 35,1 %; Eichenholz: 290 kg Verlust = 27,9 %

1113 **a)** 0,80 € **b)** 25 %

1114 500 €; 1200 €; 56 €; 34 000 €; 85 000 €; 1 226 €; 450 €

1115 300 €; 1 400 €; 20 300 €; 14 €; 470 €; 824 €; 380 €

1116 80 €; 290 €; 6 €; 257 €; 76 €; 2 740 €; 43 €

1117 40 €; 300 €; 6 400 €; 16 €; 152 €; 3 320 €; 365 €

1118 **a)** 90 € **b)** 24 € **c)** 250 € **d)** 18 € **e)** 48,8 € **f)** 76,4 €

1119 **a)** 200 € **b)** 60 € **c)** 750 €

1120 **a)** 15 € **b)** 39 € **c)** 25,5 €

1121 **a)** 1 000 € **b)** 400 € **c)** 1 200 €

1122 **a)** 24 Schülerinnen und Schüler **b)** 25 **c)** 20 **d)** 20

1123 2 436 €

1124 **a)** 1 875 € **b)** 1 935 €

1125 20 Schülerinnen und Schüler in der 2A; 380 Schülerinnen und Schüler insgesamt

1126 300 ml; 360 ml

1127 1 600 €; 1 360 €

1128 Nein, sie hat nur 38 %

1129 200 dag

1130 1,9 Liter

1131 **a)** 300 km **b)** 2 h 40 min **c)** Der Zug fährt ab St. Pölten mit einer höheren Geschwindigkeit.

1132 **a)** G = 180 Seiten; A = 63 Seiten; p = 35 % **b)** G = 20 Schüler; A = 8 Schüler; p = 40 %
c) G = 31 Tage; A = 18 Tage; p = 58 % **d)** G = 200 g; A = 30 g; p = 15 %
e) G = 1 kg Meerwasser; A = 280 g Salz; p = 28 %

1133 **a)** 125 € **b)** 96 Kinder **c)** 80 % **d)** 15 Aufgaben

1134 **a)** A = 348 Himbeerstauden; p = 75 %; G = 464 **b)** G = 425 km; A = 340 km; p = 80 %
c) A = 15 Kinder; p = 60 %; G = 25

1135 **(1)** 1,84 % **(2)** 319 542 **(3)** 37 500

1136 —

1137 **a)** gelb: $90° \triangleq \frac{90°}{360°} = 0{,}25 = 25\ \%$; blau: $198° \triangleq \frac{198°}{360°} = 0{,}55 = 55\ \%$

b) rot: $20 \triangleq \frac{20}{100} = 0{,}20 = 20\ \%$; gelb: $25 \triangleq \frac{25}{100} = 0{,}25 = 25\ \%$; blau: $55 \triangleq \frac{55}{100} = 0{,}55 = 55\ \%$

c) gelb: 90° = 25 %; blau: 145° = 40,3 %; rot: 35° = 9,7 %

d) gelb: 25 mm = 25 %; rot: 15 mm = 15 %; grün: 27 mm = 27 %; blau: 33 mm = 33 %

1138 **a)** blau: $\frac{1}{2} = 0{,}5 = 50\ \%$; gelb, braun: $\frac{1}{4} = 0{,}25 = 25\ \%$

b) rot: $\frac{1}{3} = 0{,}\dot{3} = 33{,}\dot{3}\ \%$; braun: $\frac{1}{6} = 0{,}1\dot{6} = 16{,}\dot{6}\ \%$; blau: $\frac{1}{4} = 0{,}25 = 25\ \%$;
gelb, orange: $\frac{1}{8} = 0{,}125 = 12{,}5\ \%$;

c) braun: $\frac{1}{2} = 0{,}5 = 50\ \%$; gelb: $\frac{1}{5} = 0{,}2 = 20\ \%$; blau: $\frac{3}{10} = 0{,}3 = 30\ \%$

d) gelb: $\frac{1}{4} = 0{,}25 = 25\ \%$; blau: $\frac{1}{10} = 0{,}1 = 10\ \%$; braun: $\frac{65}{100} = 0{,}65 = 65\ \%$

1139 36°; 180°; 90°; 270°; 72°; 18°; 120°

1140 **a)** 65 % **b)** 15 % **c)** 55 % **d)** 40 %

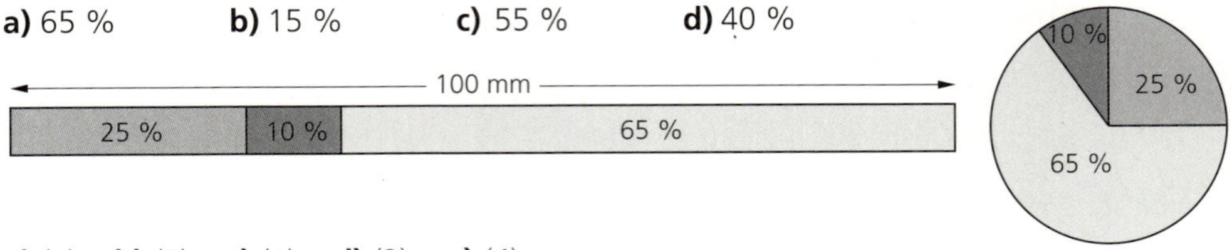

1141 **a)** (3); **b)** (5); **c)** (1); **d)** (2); **e)** (4)

1142 **a)** Fußball
b) Fußball, Freunde treffen, Computer spielen
c), **d)** Fußball: 30 %
Freundinnen oder Freunde treffen: 25 %
Computer spielen: 25 %
Fernsehen: 10 %
Lesen: 6 %
Reiten: 2 %

1143 **a)** $\frac{75}{100} = 0{,}75 = 75\ \%$ **b)** nicht als Hundertstelbruch darstellbar, da $3 \nmid 100$ **c)** $\frac{40}{100} = 0{,}4 = 40\ \%$

1144 **a)** 45 % ≙ 162°; 15 % ≙ 54°; 30 % ≙ 108° **b)** 25 % ≙ 90°; 35 % ≙ 126°

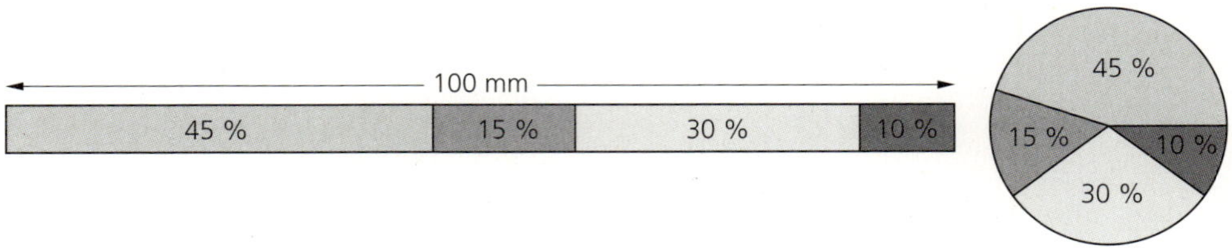

1145 **a)** Felder: 13,5 ha; Wiesen: 18,9 ha; Wald: 9,9 ha; Ödland: 2,7 ha

1146 Gesamtfläche: 1 200 mm²; 2 rechtwinklige Dreiecke: je 200 mm² (≙ $16{,}\dot{6}$ %);
Rechteck: 400 mm² (≙ $33{,}\dot{3}$ %); dunkles Dreieck: 400 mm² (≙ $33{,}\dot{3}$ %)

1147 ja (200 €)

1148 20 %

1149 2,5 % bzw. $3{,}\dot{3}$ % waren beschädigt.

1150 **a)** Zuckerrohr: 18 Zucker % **b)** Zuckerrübe: 16 Zucker %

1151 Brasilien: 29,4 %; Indien: 14,2 %; VR China: 10,2 %

1152 **a)** 21 746 987 km² **b)** Kanada: 45,9 %; USA: 45,1 %; Mexiko: 9 %

1153 **a)** 443 721 000 Einwohner **b)** Kanada: 7,5 %; USA: 68,5 %; Mexiko: 24 %

1154 **a)** Deutsch: 4,8412 Mio.; Französisch: 1,5504 Mio.; Italienisch: 0,494 Mio.; Rätoromanisch: 38 000

1155 **a)** Alpen: 19 816,8 km²; Mittelland: 12 385,5 km²; Voralpen: 4 954,2 km²; Mittelgebirge: 4 128,5 km²

1156 **a)** 960 000 km² Wüste; 40 000 km² fruchtbarer Boden **b)** 9,8 %
c) 65,2 Mio. Muslime; 4,89 Mio. Kopten

1157 Bernd: 84 €; Chris: 60 €

1158 Die Grundwerte sind unterschiedlich hoch.

1159 562,60 €

1160 **a)** 91,62 Mio.; 93,26916 Mio.; 94,948 Mio.; 96,65707 Mio.; 98,3969 Mio.
b) nein, denn der Grundwert ändert sich

1161 90 200 km²

1162 **a)** 2005: 21,57 %: 2006: 17,74 %; die Grundwerte sind verschieden
b) B
c) Baumwolle: 10,584 Mio.; Reis: 5,292 Mio.

1163 —

1164 71,70 €

1165 500 €

1166 199,11 €

1167 145,88 €

1168 358,76 €

1169 80 €

1170 **a)** 15 % **b)** 100 % **c)** 28 % **d)** 20 % **e)** 20 % **f)** 40 % **g)** 10 % **h)** 12 %

1171 **a)** 32 % **b)** 20 % **c)** 25 %

1172 **a)** 79,20 € **b)** −10 % **c)** 33,33 € **d)** 20 € **e)** 13 €

1173 —

1174 Evelin: Grundwert ist der Preis im Geschäft; Fabian: Grundwert ist der Preis im Eissalon

1175 **a)** 100 % **b)** 50 %

1176 **a)**, **b)** 480 €

1177 75,60 €; nein, da sich die Grundwerte unterscheiden

1178 2 205; nein, da sich die Grundwerte unterscheiden

1179 **a)** 396 € **b)** 896,4 € **c)** 1 053,36 €

1180 **a)** 20 % **b)** 25 %

1181 **a)** 1 300 € **b)** 2 540 € **c)** 2 730 €

1182 **a)** 436,50 € **b)** 363,75 € **c)** 87,30 € **d)** 387,03 €

1183 **a)** 400 € **b)** 483,16 € **c)** 22 000 €

1184 299 €; 50 €

1185 139,17 €; 695,83 €

1186 Die Rechnung ist korrekt.

1187 504 €

1188 **a)** 27,50 € **b)** 62,70 € **c)** 156 € **d)** 18 € **e)** 261,60 € **f)** 429 €

1189 **a)** 35 € **b)** 18 € **c)** 120 € **d)** 124 € **e)** 415 € **f)** 19 825 €
g) 80,65 € **h)** 112,53 € **i)** 696,60 €

1190 20 % MwSt. = 40 000 €

1191 8 400 € = 120 %

1192 —

1193 **a)** Österreich: 684 €; Deutschland: 678,30 €; Luxemburg: 655,50 €; Schweden: 712,50 €; Spanien: 672,60 €
b) Österreich: 663,48 €; Deutschland: 657,95 €; Luxemburg: 635,84 €; Schweden: 691,13 €; Spanien: 652,42 €

1194 **a)** 600 €; 582 € **b)** 432 €; 419,04 €

1195 28,20 €

1196 **a)** 14,4 € bzw. 4,8 % teurer; 27,6 € bzw. 9,2 % teurer
b) 25,8 € bzw. 4,3 % teurer; 48 € bzw. 8 % teurer
c) 84,8 € bzw. 4,24 % teurer; 160,4 € bzw. 8,02 % teurer; 480,8 € bzw. 24,04 % teurer

1197 24 € bzw. 10 % teurer

1198 76,6 €

1199 148 €

1200 24,6 %; 41 %; 35 %

1201 **a)** C **b)** Die Summe beträgt 101 %.

1202 **a)** 69 %; 64 %; 48 % **b)** Es waren Mehrfachnennungen mögich.

1203 **a)** 24,6 % **b)** 76,9 % **c)** 50,0 % **d)** 13,6 % **e)** 38,5 %

1204 **(3)**

1205 Er hat die Aktien um 22 836 € verkauft.

1206 **a)** 11,97 kg; 40,565 kg; 11,305 kg; 2,66 kg **b)** 100 548 t; 340 746 t; 94 962 t; 22 344 t

1207 **a)** 10,8 ha; 5,52 ha; 7,68 ha

1208 1,2284 Mio.

1209 142,50 €

1210 **a)** 25 % **b)** 80 % **c)** 75 % **d)** 40 %

1211 **a)** 58 € **b)** 29 €

1212 **a)** 168 € **b)** 112 €

1213 $A = \frac{G \cdot p}{100}$; $A = \frac{96 \cdot 34}{100}$; $A = \frac{34 \cdot 96}{100}$
Vertauschungsgesetz (Kommutativgesetz)

1214 20 %

1215 Carina wusste den geringeren Anteil der gefragten Vokabel.

1216 19,90 €; 4,0 %

1217 **a)** 5 ‰ **b)** 2 ‰ **c)** 3,5 ‰ **d)** 8 ‰ **e)** 0,3 ‰

1218 **a)** $0{,}008 = \frac{8}{1000} = 8\text{ ‰} = 0{,}8\ \%$ **b)** $2{,}5\text{ ‰} = \frac{2{,}5}{1000} = 0{,}0025 = 0{,}25\ \%$
c) $0{,}15\ \% = 1{,}5\text{ ‰} = \frac{1{,}5}{1000} = 0{,}0015$ **d)** $\frac{7}{250} = \frac{28}{1000} = 28\text{ ‰} = 2{,}8\ \%$

1219 **a)** 1,6 € **b)** 12,96 € **c)** 1,2 €

1220 **a)** 3 300 € **b)** 4 200 €

1221 ≈ 50 m; ≈ 92 m; ≈ 108 m

Statistik

1222 **(1)** A **(2)** R **(3)** R **(4)** A **(5)** A

1223 $\frac{2}{10}$; $\frac{3}{20}$; $\frac{3}{10}$; $\frac{1}{10}$

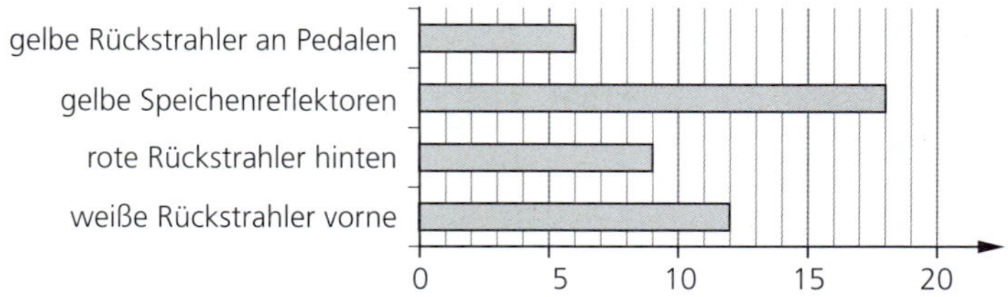

1224 20; $\frac{2}{5}$; 40 %; 15; $\frac{3}{10}$; 30 %; 10; $\frac{1}{5}$; 20 %; 5; $\frac{1}{10}$; 10 %

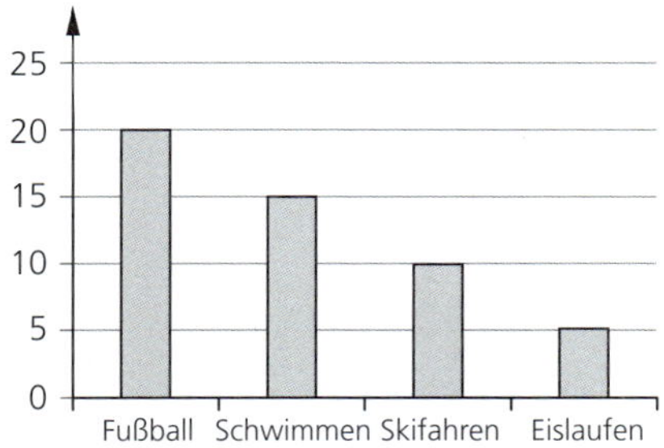

1225 —

1226 **a)** abs. H.: 35, 20, 15, 25, 10, 5 **b)** 110 Personen

c) rel. H.: $\frac{7}{22}$; $\frac{2}{11}$; $\frac{3}{22}$; $\frac{5}{22}$; $\frac{1}{11}$; $\frac{1}{22}$; proz. H.: 31,8 %; 18,2 %; 13,6 %; 22,7 %; 9,1 %; 4,6 %

1227 **a) c)**

iPod/MP3-Player	36	$\frac{4}{9} = 0,\dot{4} = 44,4$ %
Handy	32	$\frac{32}{81} = 0,39506 = 39,5$ %
Laptop	13	$\frac{13}{81} = 0,16049 = 16$ %
	81	

1228

	absolute	relative	%
F	7	$\frac{1}{8}$	12,5
M	13	$\frac{13}{56}$	23,2
P	21	$\frac{3}{8}$	37,5
L	15	$\frac{15}{56}$	26,8

Säulendiagramm siehe Aufgabe 1224

1229 **a)**

	absolute	relative	%
F	3	$\frac{1}{15}$	6,7
M	6	$\frac{2}{15}$	13,3
P	23	$\frac{23}{45}$	51,1
L	13	$\frac{13}{45}$	28,9

b)

	absolute	relative	%
F	5	$\frac{1}{12}$	$8,\dot{3}$
M	10	$\frac{1}{6}$	$16,\dot{6}$
P	25	$\frac{5}{12}$	$41,\dot{6}$
L	20	$\frac{1}{3}$	$33,\dot{3}$

Säulendiagramm siehe Aufgabe 1224

1230 **a)**

Punkte	absolute	relative
48–46	3	$\frac{1}{10}$
45–40	5	$\frac{1}{6}$
39–32	10	$\frac{1}{3}$
31–24	8	$\frac{4}{15}$
0–23	4	$\frac{2}{15}$

Mittelwert: 3,17

b)

Punkte	absolute	relative
40–36	6	$\frac{1}{5}$
35–31	4	$\frac{2}{15}$
30–25	9	$\frac{3}{10}$
24–20	8	$\frac{4}{15}$
19–0	3	$\frac{1}{10}$

Mittelwert: 2,93

1231

Verkehrsmittel	Anzahl	Relative Häufigkeit
Zu Fuß	6	$\frac{1}{4} = 0{,}25 = 25\ \%$
Fahrrad	4	$\frac{1}{6} = 0{,}1\dot{6} = 16{,}7\ \%$
Auto	5	$\frac{5}{24} = 0{,}208\dot{3} = 20{,}8\ \%$
Öffentliches Verkehrsmittel	9	$\frac{3}{8} = 0{,}375 = 37{,}5\ \%$
	24	

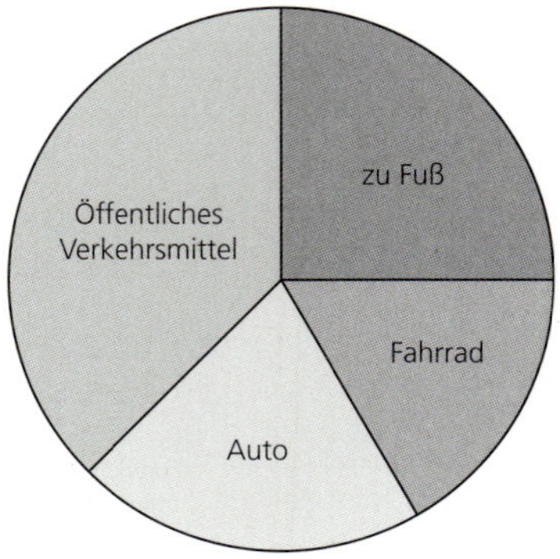

1232 $\frac{12}{24} = 0{,}5 = 50\ \%$; $\frac{6}{24} = 0{,}25 = 25\ \%$; $\frac{4}{24} = 0{,}17 = 17\ \%$; $\frac{2}{24} = 0{,}08 = 8\ \%$

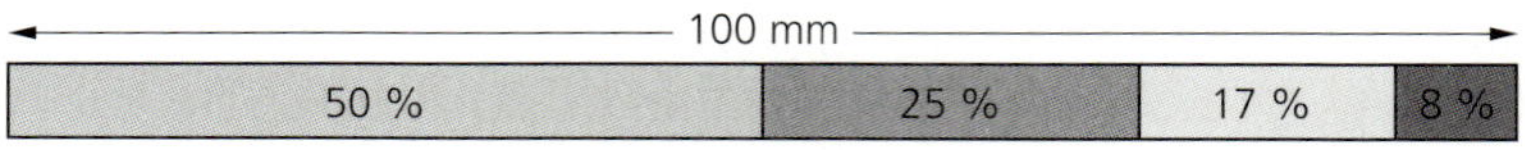

1233 **a)** 40 % + 34 % + 12 % + 4 % ≠ 100 % **b)** —

1234

6 h	12 h	18 h	6 h	12 h	18 h	6 h	12 h	18 h
37,5 °	38,8°	39,5°	38°	39°	39,2°	37,3°	37,5°	37°

6 h	12 h	18 h
36,5°	36,8°	36,9°

1235 **a)** Grünland: 1 732 820 ha; Acker- und Gartenland: 1 431 460 ha; Waldfläche: 3 314 960 ha; sonstige Flächen: 1 054 760 ha

1236

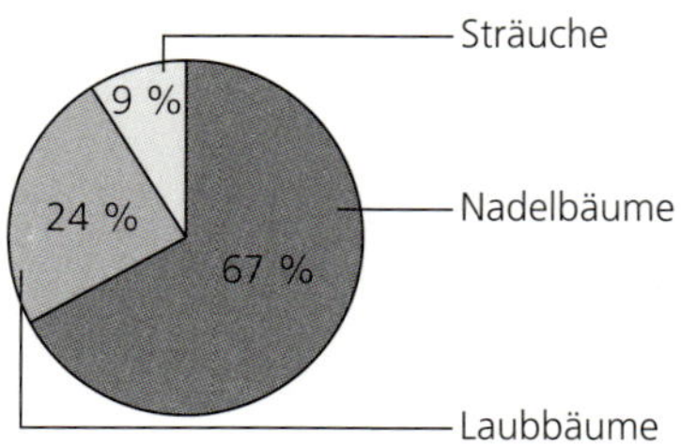

1237 siehe Anleitung

1238 Das Ergebnis ist zu knapp, um eine Entscheidung zu treffen. 52 % haben für den Skikurs gestimmt. Kreisdiagramm

1239 1 000 km ≙ 1cm; Streckendiagramm

1240 Es ist nicht sinnvoll, da auf der x-Achse Kategorien und nicht Zahlenwerte aufgetragen werden.

1241 **a)** rot: $\frac{18}{50} = 0{,}36 = 36\ \%$; Sportwagen: $\frac{5}{50} = 0{,}10 = 10\ \%$; anderer Bezirk: $\frac{13}{50} = 0{,}26 = 26\ \%$

b) Da Doppelnennungen vorkommen können (z. B. roter Sportwagen) ist ein Kreisdiagramm nicht sinnvoll; außerdem sind diese Eigenschaften „nicht vergleichbar".

1242 **a)** Man kann nicht ablesen, wie viele Kinder in der Klasse sind, da manche Kinder keine oder mehrere Haustiere haben können.

b)

Katze	6	$\frac{6}{25} = 0{,}24 = 24\ \%$
Hund	4	$\frac{4}{25} = 0{,}16 = 16\ \%$
Hamster	8	$\frac{8}{25} = 0{,}32 = 32\ \%$
Meerschweinchen	4	$\frac{4}{25} = 0{,}16 = 16\ \%$
Wellensittich	3	$\frac{3}{25} = 0{,}12 = 12\ \%$
	25	

c) Die Gesamtmenge ist die Summe aller Haustiere, die alle Schülerinnen und Schüler zusammen besitzen.

1243 **a)** Kreisdiagramm, Säulendiagramm

b) prozentuelle, relative und absolute Häufigkeiten

c) 660 Besucher

1244

Größen-Klasse	Strichliste	absolute Häufigkeit	prozentuelle Häufigkeit
145 cm bis unter 150 cm	II	2	10 %
150 cm bis unter 155 cm	IIII	4	20 %
155 cm bis unter 160 cm	~~IIII~~	5	25 %
160 cm bis unter 165 cm	~~IIII~~ I	6	30 %
165 cm bis unter 170 cm	II	2	10 %
170 cm bis unter 175 cm	I	1	5 %

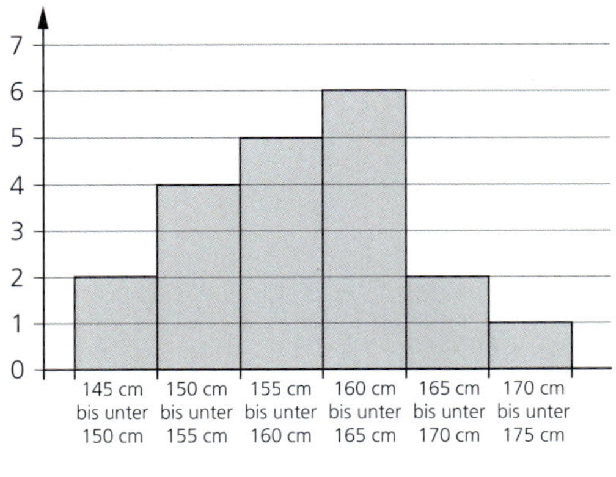

1245 **a)**

Größen-Klasse	Strichliste	absolute Häufigkeit	prozentuelle Häufigkeit
145 cm bis unter 155 cm	~~IIII~~ I	6	30 %
155 cm bis unter 165 cm	~~IIII~~ ~~IIII~~ I	11	55 %
165 cm bis unter 175 cm	III	3	15 %

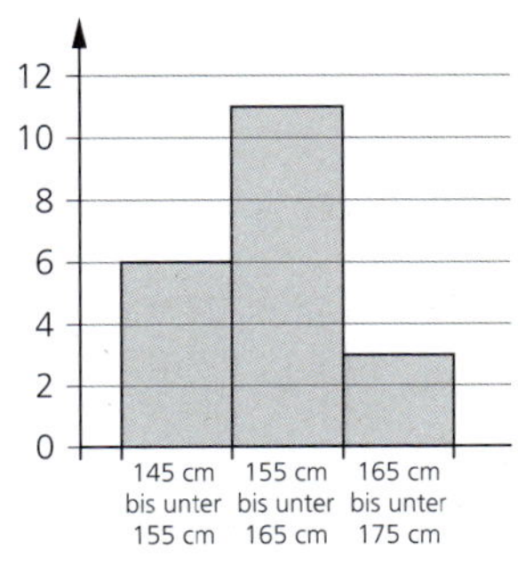

b) mehr und kürzere Säulen

Lösungen Schulbuch

1246

Klassenbreite	absolute Häufigkeit	prozentuelle Häufigkeit
45–49 kg	4	20 %
50–54 kg	3	15 %
55–59 kg	5	25 %
60–64 kg	6	30 %
65–69 kg	2	10 %

1247 **a)**

Klassenbreite	absolute H.	prozentuelle H.
10–19 min	7	35 %
20–29 min	6	30 %
30–39 min	4	20 %
40–49 min	3	15 %

b)

Klassenbreite	absolute H.	prozentuelle H.
10–19 min	6	30 %
20–29 min	7	35 %
30–39 min	5	25 %
40–49 min	2	10 %

1248 —

1249 **a)** (1) Die Zeitintervalle sind nicht gleich groß. **b)** Die Einheiten sind unterschiedlich aufgetragen.

1250 Die Fläche ist viermal so groß.

1251 **a)** Die Grafik vermittelt den Eindruck, als wäre die Bevölkerung bis ca. 2 000 schneller und ab dann langsamer gewachsen.
b) Die Grafik vermittelt den Eindruck, dass das Bevölkerungswachstum zwischen 1970 und 1990 geringer war als davor und danach.

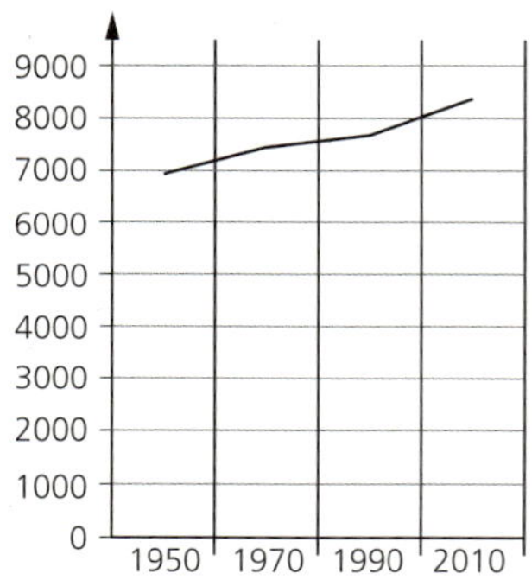

1252 **a)** Abbildung A zeigt das Ergebnis deutlicher. Es soll auf den Unterschied hingewiesen werden.
b) Die Ergebnisse in den Schulen A und B weisen keinen großen Unterschied auf.

1253 Darstellung **(1)** ist korrekt. Darstellung **(2)** ist nicht korrekt, da Kegel nicht geeignet sind um den Sachverhalt wiederzugeben.

1254 36 %; 75 %; 60 %; $33,\dot{3}$ %

1255 $0,45 = \frac{9}{20}$; $0,7 = \frac{7}{10}$; $1,2 = 1\frac{1}{5}$

1256 40 %

1257 **a)** 80 % **b)** 28 correct answers

1258 78 €

1259 43,7 €

1260 25 % gain

1261 116 €

1262 **a)** 30 % **b)** 26 % **c)** 27,9 %

1263 $\frac{9}{25}$; $\frac{4}{25}$; $\frac{3}{10}$; $\frac{9}{50}$

1264 **a)**

drinks	absolute	relative
coke	8	$\frac{8}{25}$
orange juice	4	$\frac{4}{25}$
apple juice	6	$\frac{6}{25}$
mineral water	2	$\frac{2}{25}$
ice tea	5	$\frac{1}{5}$

1265 **a) (1)** 25
(2) football
(3) skiing, football, gymnastics

b) $\frac{7}{25}$; $\frac{3}{25}$; $\frac{8}{25}$; $\frac{2}{25}$; $\frac{1}{5}$

Prismen

1266 —

1267 —

1268 —

1269 —

1270 Räumliche Figuren müssen mit Verzerrungsfaktor gezeichnet werden.

1271 **a)** Höhe, Grundfläche
b) Würfel, quadratisches Prisma, Quader, unregelmäßiges vierseitiges Prisma
c) $M_1 = 4 \cdot a \cdot a$; $M_2 = 4 \cdot a \cdot b$; $M_3 = 2 \cdot a \cdot c + 2 b \cdot c$; $M_4 = a \cdot e + b \cdot e + c \cdot e + d \cdot e$

1272 Jeder Quader ist ein Prisma, aber nicht jedes Prisma ist ein Quader.

1273 **a)** AB, BC, CD, DE, EF, FA
b) AG, BH, CI, DJ, EK, FL
c) GH, HI, IJ, JK, KL, LG
d) BCIH ∥ FEKL; CDJI ∥ AFLG; ABHG ∥ EDJK; ABCDEF ∥ GHIJKL
e) 18
f) 12

1274 **(1)** gleichseitig dreiseitiges Prisma: **a)** AB, BC, CA
b) AD, BE, CF
c) DE, EF, FD
d) ABC ∥ DEF
e) 9
f) 6

(2) quadratisches Prisma: **a)** AB, BC, CD, DA
b) AE, BF, CG, DH
c) EF, FG, GH, HE
d) ABFE ∥ DCGH; BCGF ∥ ADHE; ABCD ∥ EFGH
e) 12
f) 8

Lösungen Schulbuch

1275 —

1276 —

1277 **a)** gleichseitig dreiseitiges Prisma **b)** rechtwinklig dreiseitiges Prisma
c) quadratisches Prisma **d)** Quader

1278 **a)** regelmäßiges sechsseitiges Prisma **b)** vierseitiges Prisma **c)** Würfel

1279 **a)**

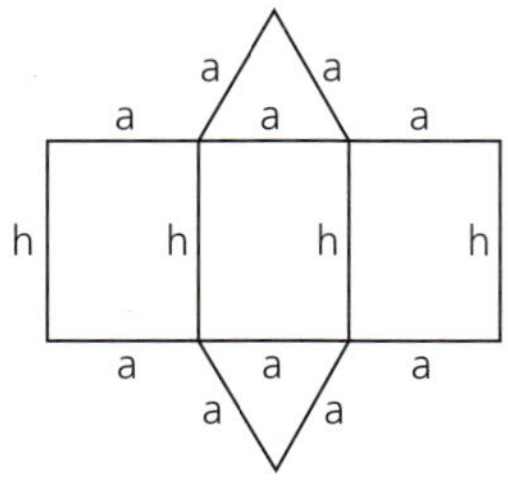

1280 **a)**

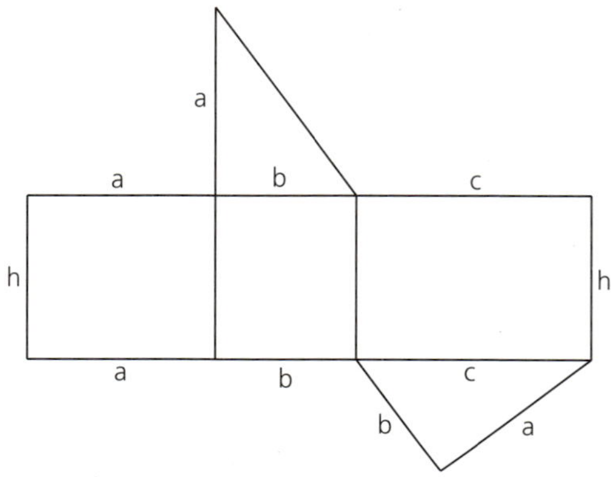

1281 —

1282 **a)** 3 bzw. 4 Rechtecke **b)** gleiche bzw. verschiedene Rechtecke

1283 **a)** regelmäßiges fünfseitiges Prisma **b)** dreiseitiges Prisma
c) quadratisches Prisma **d)** Würfel

1284 **a)** Quader **b)** dreiseitiges Prisma

1285 **a)** dreiseitiges Prisma **b)** sechsseitiges Prisma

1286 —

1287 **a)** 3 160 cm^2 **b)** 7 368 cm^2 **c)** 3 060 cm^2 **d)** 145,6 cm^2

1288 **a)** 96 dm^2 **b)** 384 m^2 **c)** 3 174 mm^2 **d)** 174,96 cm^2 **e)** 3,375 m^2 **f)** 4,59375 dm^2

1289 **a)** 108 dm^2 **b)** 1 784 mm^2 **c)** 76 cm^2 **d)** 94,32 cm^2 **e)** 148 cm^2 **f)** 2,9375 dm^2

1290 **a)** 70,4 m^2 **b)** 2 116,48 €

1291 **a)** 60 cm^2 **b)** 57 cm^2 **c)** 2 952 mm^2

1292 **(1)** 1 200 cm^2 **(2)** geht nicht **(3)** 2 480 cm^2

1293 Reiskorn: 2,5 mm^3; Laderaum eines Pick-ups: 2,5 m^3; Joghurtbecher: 250 cm^3;
Spielwürfel: 2,5 cm^3; Anrichte: 250 dm^3

1294		m^3	dm^3			cm^3			mm^3			
b)	45 dm^3 8 cm^3	0	0	4	5	0	0	8				0,045008 m^3 = 45,008 dm^3 = 45 008 cm^3
c)	0,04523 m^3	0	0	4	5	2	3	0	0	0	0	45,23 dm^3 = 4 5230 cm^3 = 45 230 000 mm^3
d)	5 dm^3 45 mm^3				5	0	0	0	0	4	5	5,000045 dm^3 = 5 000,045 cm^3 = 5 000 045 mm^3

1295 **a)** 34 000 mm^3 **b)** 3 500 mm^3 **c)** 250 mm^3 **d)** 8 060 mm^3

1296 **a)** 4 700 cm^3 **b)** 2 080 cm^3 **c)** 7 060 cm^3 **d)** 3,425 cm^3

1297 **a)** 4 000 dm^3 **b)** 7 077 dm^3 **c)** 9 550 dm^3 **d)** 0,354 dm^3

1298 **a)** 0,254 m^3 **b)** 7,136 m^3 **c)** 2,546 m^3 **d)** 3,003 m^3

1299 **a)** 7 m^3 > 700 dm^3 > 0,07 m^3 > 7 000 c m^3 > 0,7 dm^3
b) 88 m^3 > 8 800 dm^3 > 0,88 m^3 > 88 dm^3

1300 **a)** 500 dm^3 **b)** 875 cm^3 **c)** 2 750 mm^3 **d)** 800 cm^3

1301 **a)** 450 l **b)** 312 l **c)** 243 l

1302 **a)** 3,02 hl **b)** 15,34 hl **c)** 0,375 hl

1303 **a)** 9,6 l **b)** 5 000 l **c)** 2 012 l

1304 **a)** 20 hl **b)** 58 hl **c)** 90,05 hl

1305 **a)** 10,41 hl **b)** 34,956 hl

1306 **a)** 149 cm^3 = 149 ml = 0,149 dm^3 = 0,149 l
b) 2 020 cm^3 = 2 020 ml = 2,02 dm^3 = 2,02 l
c) 452 cm^3 = 452 ml = 0,452 dm^3 = 0,452 l

1307 **a)** 1 dm

1308 1kg; 1 t; 1 dag; 1 dag; 1 g; 1 t; 1 g; 1 kg

1309 **a)** 3,5 dag **b)** 2,34 t **c)** 0,25 kg **d)** 90 dag **e)** 0,038 t **f)** 0,173 kg

1310 **a)** 750 g **b)** 8 000 dag **c)** 3 400 kg **d)** 89 g **e)** 70 kg **f)** 890 dag

1311 **a)** 105 cm^3 **b)** 30 cm^3 **c)** 210 cm^3 **d)** 1 500 cm^3 **e)** 400 cm^3
f) 320 cm^3 **g)** 700 cm^3 **h)** 32 000 cm^3 **i)** 35 000 cm^3

1312 **a)** 8 000 cm^3 **b)** 540 cm^3 **c)** 3 610 cm^3 **d)** 385,2 cm^3 **e)** 8 807,5 cm^3

1313 1,12 dm^3 = 1,12 l

1314 **a)** 68 m^3 **b)** 51 m^3 **c)** 61,2 m^3

1315 2,4 dm^3

1316 337,92 dm^3

1317 V = 1 008 m^3

1318 **a)** V = 40 dm^3 **b)** V = 450 dm^3 **c)** V = 504 dm^3

1319 **a)** O = 144 cm^2; V = 96 cm^3 **b)** O = 60 cm^2; V = 27 cm^3 **c)** O = 1 228 cm^2; V = 2 280 cm^3

1320 1,725 m^3

Lösungen Schulbuch

1321 1,518 m^3

1322 0,384 m^3 Erde

1323 **a)** 30 m^2 **b)** 333 Jeans

1324 6 dm

1325 **a)** $h = 6$ dm; $O = 168$ dm^2 **b)** $b = 6$ mm; $O = 1\,292$ mm^2 **c)** $h = 6$ cm; $O = 148$ cm^2
d) $h = 3{,}5$ cm; $O = 96{,}2$ cm^2 **e)** $h = 5$ cm; $V = 60$ cm^3

1326 **a)** 2 dm **b)** 3,125 dm

1327 **a)** 30 cm **b)** 12 dm

1328 **a)** 25 cm **b)** 9 dm

1329 **a)** 12 cm **b)** 8 cm **c)** 8 cm **d)** 6,3 dm

1330 2,5 m

1331 1,5 m

1332 **a)**, **b)**, **c)** Das Volumen verdoppelt sich.

1333 Das Volumen wird achtmal so groß.

1334 **b)** $V_b = a \cdot 2b \cdot h = 2 \cdot V$ **c)** $V_h = a \cdot b \cdot 2h = 2 \cdot V$

1335 $V_1 = 2a \cdot 2b \cdot 2h = 8 \cdot a \cdot b \cdot h = 8 \cdot V$

1336 **a)** $V = 480$ cm^3; verdoppelt **b)** $V = 240$ cm^3; unverändert **c)** $V = 960$ cm^3; vervierfacht

1337 **b)** z. B.: $a = 2$ cm; $b = 5$ cm; $h = 6$ cm Verschiedene Faktoren können 60 cm^3 ergeben.

1338 Es ist egal, welche Seitenlänge verändert wird; sie muss mit 2 multipliziert werden.

1339 Vierfache

1340 $O = 2 \cdot (ab + ah + bh)$
$4O = 2 \cdot (2a \cdot 2b + 2a \cdot 2h + 2b \cdot 2h) = 2 \cdot (4ab + 4ah + 4bh)$
$4O = 2 \cdot 4 \cdot (ab + ah + bh)$
$O = 2 \cdot (ab + ah + bh)$

1341 **a)** 36 000 cm^3
b) (1) 29,52 kg **(2)** 97,2 kg **(3)** 280,8 kg

1342 480 kg Beton

1343 1 kg = 1 000 g; 1 dm^3 = 1000 cm^3

1344 **a)** 2 106 g **b)** 486 kg **c)** 453,6 g

1345 **a)** 45 dm^3 **b)** 2,7 kg/dm^3 → Aluminium

1346 **a)** 30 cm^2 **b)** 600 cm^3 **c)** 7,8 kg/dm^3 → Eisen

Wiederholung der 4 Grundrechnungsarten

1
a) $6\frac{789}{1000} = 6 + \frac{7}{10} + \frac{8}{100} + \frac{9}{1000}$
b) $3\frac{8}{100} = 3 + \frac{8}{100}$
c) $42\frac{5}{100} = 40 + 2 + \frac{5}{100}$
d) $9\frac{3}{100} = 9 + \frac{3}{100}$
e) $3785\frac{3}{10} = 3000 + 700 + 80 + 5 + \frac{3}{10}$
f) $\frac{123}{1000} = \frac{1}{10} + \frac{2}{100} + \frac{3}{1000}$
g) $78\frac{5}{10} = 78 + \frac{5}{10}$
h) $478\frac{9}{100} = 400 + 70 + 8 + \frac{9}{100}$
i) $2\frac{5}{10} = 2 + \frac{5}{10}$
j) $709\frac{3}{10} = 700 + 9 + \frac{3}{10}$

2 **a)** 3,7 **b)** 7,35 **c)** 45,03 **d)** 5,239 **e)** 0,73

3 **a)** 72; 72; 0,72; 70,2; 702; 0,702; 72; 7 200 **b)** 90; 90; 9; 0,9; 909; 90,09; 0,909; 9
c) 55; 505; 5,05; 0,55; 505; 50,05; 55; 5

4 **a)** = **b)** > **c)** < **d)** < **e)** = **f)** >

5 **a)** 52,14 **b)** 9,149 **c)** 342,96 **d)** 2,3 **e)** 836,16
f) 28,77 **g)** 53,4 **h)** 2 829,6 **i)** 44,84 **j)** 0,116

6 **a)** 21,26 **b)** 189,05 **c)** 432,2 **d)** 19,65 **e)** 7 549,5 **f)** 653,1

7 **a)** 170 **b)** 160 **c)** 180 **d)** 140

8 **a)** 13 **b)** 21 **c)** 14,5 **d)** 7

9 6,5 + 13,5; 3,2 + 16,8; 5,7 + 14,3; 9,4 + 10,6; 19,1 + 0,9

10 **a)** 8 **b)** 13 **c)** 240 **d)** 0 **e)** 1 **f)** 190

11 **a)** 72; 720; 7 200 **b)** 31,8; 318; 3 180 **c)** 87,04; 870,4; 8 704

12 **a)** 26,58 **b)** 67,8 **c)** 2 045 **d)** 45,7 **e)** 49
f) 5 080 **g)** 63 **h)** 50 **i)** 3 900

13 **a)** 58,2; 5,82; 0,582 **b)** 97,1; 9,71; 0,971 **c)** 3,5; 0,35; 0,035

14 **a)** 5,8 **b)** 5,22 **c)** 3,77 **d)** 70,3 **e)** 0,79
f) 0,58 **g)** 0,6 **h)** 6,1 **i)** 0,9

15 **a)** 4,56 Mio. **b)** 7,8 Mio. **c)** 1,55 Mrd. **d)** 7,9 Mio. **e)** 0,561 Mio. **f)** 2,9 Mrd.

16 **a)** 5 300 000 **b)** 250 000 **c)** 6 800 000 **d)** 2 400 000 000
e) 999 000 000 **f)** 1 700 000 000 **g)** 30 000 **h)** 16 500 000

17 BREGENZ

18 **a)** 321,3; Ü: 6 · 50 = 300 **b)** 42,347; Ü: 9 · 5 = 45 **c)** 245; Ü: 100 · 3 = 300
d) 9,45; Ü: 4 · 3 = 12 **e)** 47,6; Ü: 6 · 9 = 54 **f)** 4 288,3; Ü: 70 · 60 = 4 200
g) 64,97; Ü: 9 · 7 = 63 **h)** 9,72; Ü: 2 · 5 = 10

19 **a)** 315 **b)** 3 640 **c)** 4 134 **d)** 298 **e)** 25 000
f) 20 250 **g)** 171 000 **h)** 23,2 **i)** 112

20 **a)** 5,88 **b)** 4,5 **c)** 2,2274 **d)** 20,64 **e)** 0,1125
f) 4,368 **g)** 5,55 **h)** 0,016

21 **a)** 9,126 **b)** 237 **c)** 280,8 **d)** 157,36 **e)** 0,07 **f)** 294
g) 20,74 **h)** 1 920 **i)** 0,85 **j)** 17,5 **k)** 418,9 **l)** 52,7

22 **a)** 3,2; 16; 1,6; 80; 40 **b)** 12,5; 10; 25; 2,5; 250

23 **a)** 1,89 **b)** 1,2375 **c)** 7,4 **d)** 0,73 **e)** 86,425
f) 14,2 **g)** 3,55 **h)** 2,26

24 **a)** 60 **b)** 94,6 **c)** 98,5 **d)** 7,48 **e)** 3 050
f) 1 976 **g)** 32,5 **h)** 1,4 **i)** 690

25 **a)** 0,54 **b)** 0,55 **c)** 2,3 **d)** 0,45 **e)** 8,7
f) 3,24 **g)** 0,32 **h)** 0,56 **i)** 0,85

26 **a)** 8,3 **b)** 9,2 **c)** 8,2 **d)** 370 **e)** 16
f) 0,94 **g)** 1,5 **h)** 74 **i)** 65

27 **a)** 240; 2,4; 0,24; 0,4; 4 **b)** 200; 10; 20; 25; 10

28 **a)** 3 038 **b)** 47,2 **c)** 0,5 **d)** 1,04 **e)** 200 **f)** 770

29 **a)** 12,8 **b)** 1,9 **c)** 3,8 **d)** 0,5 **e)** 1 **f)** 3,7

30 **a)** 308 **b)** 2,1 **c)** 1,7 **d)** 5,04 **e)** 117 **f)** 4,5

31 **a)** 6,66 **b)** 6,4 **c)** 75,6 **d)** 230

32 **a)** 345 **b)** --- **c)** 0 **d)** 0 **e)** --- **f)** 1
g) 0 **h)** 0 **i)** 1 **j)** 5,67 **k)** 123,4 **l)** 0,43

33 **a)** 25,4; 32; 3,2; 2; 1,8; 1 **b)** 20; 2; 11,5; 46; 4,6; 1

34 VORRANG

35 **a)** 20,30 €; 29,70 € **b)** 9,49 €; 10,51 € **c)** 10,80 €; 89,20 €

36 10 Personen

37 0,95 €

38 1,8 €

39 21 Schülerinnen und Schüler

40 250 €

41 60 €

42 23,30 €

43 19 Helme

44 6 Teile; 10,8 m

45 1,43 m

46 Das Gewicht muss so verändert werden, dass insgesamt 1,9 kg weniger mitgenommen werden.
Das Gewicht des Koffers kann nicht verringert werden.

Teilbarkeit natürliche Zahlen

47 **a)** $|$ **b)** $\nmid$ **c)** $|$ **d)** $\nmid$ **e)** $\nmid$ **f)** $|$ **g)** $|$ **h)** $\nmid$

48 **a)** $|$ **b)** $|$ **c)** $\nmid$ **d)** $\nmid$ **e)** $\nmid$ **f)** $|$ **g)** $\nmid$ **h)** $|$

49 14; 21; 28; 35; 42; 49; 56

50 32; 40; 48; 56; 64; 72

51 12; 18; 24; 30; 42; 48; 54; 60; 72

52 18; 27; 36; 54; 72; 81; 90; 99

53 **a)** 12; 15; 18; 21; 24; 27 **b)** 28; 35; 42; 49; 56; 63 **c)** 16; 20; 24; 28; 32; 36
d) 20; 25; 30; 35; 40; 45 **e)** 24; 30; 36; 42; 48; 54 **f)** 8; 10; 12; 14; 16; 18
g) 32; 40; 48; 56; 64; 72 **h)** 36; 45; 54; 63; 72; 81
Jede nachfolgende Zahl ist um dieselbe Zahl größer als die vorhergehende.

54 **a)** 42; 49; 56 **b)** 30; 35; 40; 45; 50 **c)** 36; 45; 54; 63; 72 **d)** 56; 64; 72; 80; 88

55 **a)** 18; 16; 22; 30; 24; 10; 12; 14; 2; 20; 26; 8; 28; 4; 6; 36; 32; 40
b) 18; 15; 21; 27; 3; 30; 24; 12; 9; 33; 6; 36
c) 16; 24; 12; 20; 8; 28; 4; 36; 32; 40
d) 15; 25; 30; 10; 20; 35; 5; 40
e) 18; 30; 24; 12; 6; 36
f) 21; 14; 28; 35
g) 16; 24; 8; 32; 40
h) 9; 18; 27; 36
i) 30; 10; 20; 40

56 **a)** $4 \mid 48$ **b)** $5 \nmid 48$ **c)** $6 \mid 48$ **d)** $8 \mid 48$ **e)** $9 \nmid 48$ **f)** $12 \mid 48$ **g)** $20 \nmid 48$ **h)** $24 \mid 48$

57 **a)** $2 \mid 30$ **b)** $4 \nmid 30$ **c)** $5 \mid 30$ **d)** $6 \mid 30$ **e)** $8 \nmid 30$ **f)** $10 \mid 30$ **g)** $12 \nmid 30$ **h)** $15 \mid 30$

58 2; 8; 6; 12; 4; 3

59 4; 9; 3; 2; 6; 18

60 **a)** 70 **b)** 26; 52; 78 **c)** 33; 66; 99 **d)** 30; 60; 90

61 —

62 **a)** 1, 2, 3, 6, Z **b)** 1, 7, P **c)** 1, 2, 5, 10, Z
d) 1, 11, P **e)** 1, 3, 9, Z **f)** 1, 3, P

63 **a)** 1, 3, 5, 15, Z **b)** 1, 2, 3, 4, 6, 12, Z **c)** 1, 13, P
d) 1, 2, 11, 22, Z **e)** 1, 17, P **f)** 1, 2, 7, 14, Z

64 ROM

65 **a)** 30 **b)** 18 **c)** 28 **d)** 330 **e)** 20 **f)** 100 **g)** 66 **h)** 42

66 **a)** $2 \cdot 2 \cdot 2 \cdot 2 \cdot 5$ **b)** $2 \cdot 2 \cdot 2 \cdot 3 \cdot 5$ **c)** $2 \cdot 5 \cdot 5$ **d)** $2 \cdot 2 \cdot 2 \cdot 3$
e) $2 \cdot 2 \cdot 2 \cdot 5$ **f)** $2 \cdot 2 \cdot 5$ **g)** $2 \cdot 2 \cdot 3 \cdot 3 \cdot 5$ **h)** $2 \cdot 3 \cdot 3 \cdot 5$
i) $2 \cdot 2 \cdot 3 \cdot 3$ **j)** $2 \cdot 2 \cdot 2 \cdot 2 \cdot 3$ **k)** $2 \cdot 2 \cdot 5 \cdot 5$ **l)** $2 \cdot 2 \cdot 3 \cdot 5$

67 **a)** $4 = 2 \cdot 2$ **b)** $8 = 2 \cdot 2 \cdot 2$ **c)** $9 = 3 \cdot 3$ **d)** $16 = 2 \cdot 2 \cdot 2 \cdot 2$ **e)** $25 = 5 \cdot 5$ **f)** $27 = 3 \cdot 3 \cdot 3$
Jede Zahl hat jeweils dieselben Primfaktoren.

68 **a)** 5 **b)** 7 **c)** 2 **d)** 5 **e)** 2 **f)** 3 **g)** 3 **h)** 2 **i)** 7

69 **a)** richtig; $2 : 2 = 1$; $4 : 2 = 2$; $12 : 2 = 6$
b) falsch; $3 \cdot 5 = 15$; $3 \cdot 7 = 21$; $5 \cdot 11 = 55$
c) richtig; $2 \cdot 3 = 6$; $2 \cdot 5 = 10$; $2 \cdot 15 = 30$
d) falsch; 2 ist die einzige gerade Primzahl

70 Primzahlen: 2; 3; 5; 7; 11; 13; 17; 19
$15 = 5 \cdot 3$; $21 = 3 \cdot 7$; $14 = 2 \cdot 7$; $20 = 2 \cdot 2 \cdot 5$;
$6 = 2 \cdot 3$; $8 = 2 \cdot 2 \cdot 2$; $10 = 5 \cdot 2$; $22 = 2 \cdot 11$;
$4 = 2 \cdot 2$; $16 = 2 \cdot 2 \cdot 2 \cdot 2$; $12 = 2 \cdot 2 \cdot 3$; $9 = 3 \cdot 3$

71

teilbar durch	80	200	4 500	8 009	90 000	60 600	75 000
10	✓	✓	✓	✗	✓	✓	✓
100	✗	✓	✓	✗	✓	✓	✓
1 000	✗	✗	✗	✗	✓	✗	✓

72 1 810, 1 820, 1 830, 1 840, 1 850, 1 860, 1 870, 1 880, 1 890

73 2 960, 2 970, 2 980, 2 990, 3 000, 3 010, 3 020, 3 030

74 2 900, 3 000, 3 100, 3 200, 3 300, 3 400

75 4 700, 4 800, 4 900, 5 000, 5 100, 5 200

76 69 000, 70 000, 71 000, 72 000, 73 000, 74 000

77 93 000, 94 000, 95 000, 96 000, 97 000, 98 000, 99 000, 100 000, 101 000, 102 000, 103 000

78 117 000, 118 000, 119 000, 120 000

79 **b)** richtig, da 100 ein Vielfaches von 10 ist

80 **a)** 5 700 : 100 = 57 **b)** 28 000 : 1 000 = 28 **c)** 40 : 10 = 4
d) 600 : 100 = 6 **e)** 570 000 : 10 000 = 57 **f)** 45 900 : 100 = 459
g) 3 670 : 10 = 367 **h)** 20 000 : 10 000 = 2 **i)** 9 000 : 1 000 = 9
j) 700 000 : 100 000 = 7

81 durch 2: 32; 34; 36; 38; 40; 42; 44; 46; 48; 50; 52; 54; 56; 58; 60
durch 5: 35; 40; 45; 50; 55; 60
durch 10: Zahlen, die durch 2 und durch 5 zeilbar sind → 40; 50; 60

82 **a)** durch 2: 28; 30; 46; 50; 60; 62; 64; 70; 78
durch 5: 30; 45; 50; 55; 60; 70; 75 durch 10: 30; 50; 60; 70
b) durch 2: 48; 72; 76; 80; 100; 106; 112; 188
durch 5: 65; 80; 95; 100; 165; 195 durch 10: 80; 100
c) durch 2: 228; 230; 266; 250; 292; 298; 344; 370; 396; 404
durch 5: 230; 250; 275; 370; 395 durch 10: 230; 250; 370

83 …, dann ist sie auch durch 10 teilbar.

84 $40 = 2 \cdot 2 \cdot 2 \cdot 5$; $50 = 2 \cdot 5 \cdot 5$; $60 = 2 \cdot 3 \cdot 3 \cdot 5$; $70 = 2 \cdot 5 \cdot 7$;
$80 = 2 \cdot 2 \cdot 2 \cdot 2 \cdot 5$; $90 = 2 \cdot 3 \cdot 3 \cdot 5$; $100 = 2 \cdot 5 \cdot 2 \cdot 5$

85 $15 = 3 \cdot 5$; $25 = 5 \cdot 5$; $35 = 5 \cdot 7$; $45 = 3 \cdot 3 \cdot 5$;
$55 = 5 \cdot 11$; $65 = 5 \cdot 13$; $75 = 3 \cdot 5 \cdot 5$

86 nur durch 2: 18; 42; 66; 94; 82; 12; 14; 34; 16; 64; 72; 8; 36; 42
nur durch 5: 15; 25; 45; 65
durch 2 und 5: 60; 70; 20; 50; 30; 80; 90; 10; 40
} Lösungswort: FIT

87 durch 2: 124; 430; 536; 538; 740; 846; 950 durch 5: 225; 430; 740; 745; 950

88 durch 4: 244; 248; 252; 256; 260; 264; 268; 272; 276; 280; 284; 288; 292; 296; 300
durch 25: 250; 275; 300
durch 100: Zahlen, die durch 4 und 25 teilbar sind → 300

89 **a)** durch 4: 28; 60; 64; 100
durch 25: 50; 75; 100
durch 100: 100
b) durch 4: 48; 72; 76; 80; 100; 112; 188; 200
durch 25: 100; 200
durch 100: 100; 200
c) durch 4: 228; 300; 312; 344; 396; 400
durch 25: 250; 275; 300; 400
durch 100: 300; 400
d) durch 4: 580; 588; 600; 624; 688; 700; 720; 800
durch 25: 575; 600; 700; 750; 800
durch 100: 600; 700; 800

90 …, dann ist sie auch durch 100 teilbar.

91 **a)** 48; 50; 56; 60; 66; 72; 80; 98; 100; 120; 200 **b)** 35; 50; 60; 75; 80; 100; 105; 120; 145; 200
c) 50; 60; 80; 100; 120; 200 **d)** 48; 56; 60; 72; 80; 100; 120; 200
e) 50; 75; 100; 200 **f)** 100; 200

92

Zahl	45	51	57	63	68	72	91	111	117	123
Ziffernsumme	9	6	12	9	14	9	10	3	9	6
teilbar durch 3	✓	✓	✓	✓	✗	✓	✗	✓	✓	✓
teilbar durch 9	✓	✗	✗	✓	✗	✓	✗	✗	✓	✗

93 **a)** durch 3: 27; 42; 48; 54; 60; 66; 75; 84; 99 durch 9: 27; 54; 99
b) durch 3: 15; 36; 39; 42; 51; 57; 60; 87; 90 durch 9: 36; 90
c) durch 3: 96; 135; 189; 207; 264 durch 9: 135; 189; 207

94 **a)** richtig **b)** richtig, falsch **c)** richtig **d)** falsch, richtig **e)** richtig, falsch **f)** falsch, richtig

95 Der 5-€-Schein gehört zu den 3. Klassen.

96
a) 12; 16; 18; 20; 24; 42; 48; 56; 60; 70; 72; 78; 90
b) 12; 18; 21; 24; 27; 39; 42; 45; 48; 60; 63; 72; 78; 90; 99
c) 12; 16; 20; 24; 48; 56; 60; 72
d) 20; 45; 60; 65; 70; 90
e) 12; 18; 24; 42; 48; 60; 72; 78; 90
f) 21; 42; 56; 63; 70
g) 16; 24; 48; 56; 72
h) 18; 27; 45; 63; 72; 90; 99
i) 20; 60; 70; 90
j) 12; 24; 48; 60; 72

97
a) 22; 28; 30; 38; 40; 52; 54; 64; 66; 80; 84
b) 15; 30; 54; 57; 66; 75; 81; 84
c) 28; 40; 52; 64; 80; 84
d) 15; 25; 30; 35; 40; 55; 75; 80
e) 30; 54; 66; 84
f) 28; 35; 49; 77; 84
g) 40; 64; 80
h) 54; 81
i) 30; 40; 80
j) 84

98 —

99 **a)** nein, 2 ist eine Primzahl **b)** ja **c)** nein, die letzte Ziffer soll durch 5 teilbar sein **d)** ja

100 **a)** 2; 4 **b)** 2; 4 **c)** 3; 9 **d)** 3; 9 **e)** 2; 4 **f)** 2; 4

101 **a)** 2; 4; 8 **b)** 2; 5; 10 **c)** 2; 3; 6

102
a) 1; 2 **b)** 1; 5 **c)** 1; 2; 4; 8 **d)** 1; 2 **e)** 1; 2 **f)** 1; 3
g) 1; 3 **h)** 1; 5 **i)** 1; 5 **j)** 1; 2; 4 **k)** 1; 2; 4; 8 **l)** 1; 2; 4; 6; 12

103
a) 2; 3; 6; 9; 18 **b)** 3; 5; 25 **c)** 2; 3; 6 **d)** 2; 5; 10
e) 2; 4; 5; 10; 20 **f)** 2; 4; 5; 10; 20 **g)** 2; 4; 5; 8; 10; 20; 40 **h)** 2; 4; 5; 10; 20
i) 2; 11; 22 **j)** 2; 3; 4; 6; 12 **k)** 2; 4 **l)** 2; 5; 10

104 **a), b), c)** 1

105 **a)** 9 **b)** 25 **c)** 10 **d)** 12 **e)** 30 **f)** 20

106
a) 10 **b)** 14 **c)** 6 **d)** 9 **e)** 15 **f)** 24
g) 20 **h)** 8 **i)** 12 **j)** 10 **k)** 30 **l)** 12

107 kgV (4, 6) = 12; kgV (12, 24) = 24; kgV (3, 8) = 24

108 Wenn Ponky 4 Schritte und Panky 5 Schritte gemacht haben, sind sie wieder gleichauf. Sie haben dann 100 cm zurückgelegt.

109 Wenn Panky 3 Schritte und Punky 4 Schritte gemacht haben, sind sie wieder gleichauf. Sie haben 60 cm zurückgelegt.

Die Bruchrechnung

110 **a)** $\frac{3}{4}$ **b)** $\frac{1}{3}$ **c)** $\frac{7}{8}$ **d)** $\frac{2}{4} = \frac{1}{2}$ **e)** $\frac{5}{6}$ **f)** $\frac{2}{8} = \frac{1}{4}$

111
a) 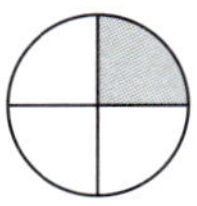
b) 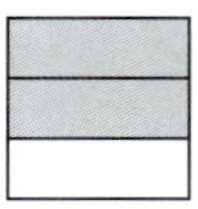
c) 
d) 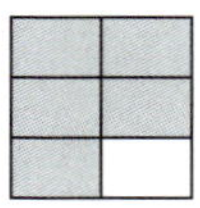
e) 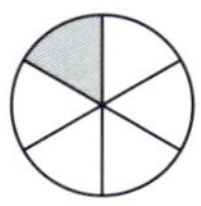
f) 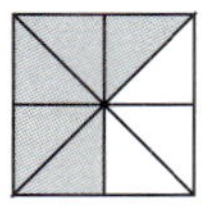

112 —

113 **a)** 1 **b)** 5 **c)** 3 **d)** 3 **e)** 2 **f)** 3 **g)** 2 **h)** 5 **i)** 1 **j)** 4

114
a) $3\frac{1}{2}$; $3\frac{1}{5}$; $3\frac{3}{4}$; $1\frac{3}{10}$; $1\frac{1}{8}$; $4\frac{1}{5}$; $4\frac{1}{3}$; $4\frac{1}{4}$
b) $1\frac{3}{4}$; $2\frac{2}{5}$; $2\frac{1}{4}$; $1\frac{7}{10}$; $1\frac{7}{8}$; $3\frac{1}{4}$; $1\frac{2}{3}$; $2\frac{3}{4}$

115
a) $\frac{15}{2}$; $\frac{9}{4}$; $\frac{8}{5}$; $\frac{23}{10}$; $\frac{15}{8}$; $\frac{22}{5}$; $\frac{10}{3}$; $\frac{7}{4}$
b) $\frac{23}{4}$; $\frac{11}{5}$; $\frac{21}{10}$; $\frac{23}{8}$; $\frac{11}{6}$; $\frac{23}{4}$; $\frac{5}{3}$; $\frac{19}{2}$

116
a) $3\frac{1}{3} = \frac{13}{3}$ **b)** $1\frac{5}{6} = \frac{11}{6}$ **c)** $3\frac{7}{10} = \frac{37}{10}$ **d)** $2\frac{3}{8} = \frac{19}{8}$
e) $2\frac{1}{6} = \frac{13}{6}$ **f)** $3\frac{2}{3} = \frac{11}{3}$ **g)** $4\frac{1}{2} = \frac{9}{2}$ **h)** $1\frac{4}{5} = \frac{9}{5}$

117 **a)** 5,1; 0,01; 4,3; 2,6; 0,777 **b)** 4,2; 0,09; 1,25; 0,33; 9,7 **c)** 1,7; 0,13; 2,9; 6,3; 0,088

118 **a)** $\frac{1}{4}$; $\frac{2}{5}$; $\frac{7}{10}$; $\frac{1}{8}$; $\frac{2}{3}$; $\frac{3}{10}$; $\frac{3}{8}$; $\frac{19}{100}$; $\frac{1}{10}$

b) $\frac{5}{4} = 1\frac{1}{4}$; $\frac{5}{2} = 2\frac{1}{2}$; $\frac{11}{8} = 1\frac{3}{8}$; $\frac{10}{3} = 3\frac{1}{3}$; $\frac{9}{5} = 1\frac{4}{5}$; $\frac{7}{2} = 3\frac{1}{2}$; $\frac{13}{8} = 1\frac{5}{8}$; $\frac{9}{4} = 2\frac{1}{4}$; $\frac{7}{3} = 2\frac{1}{3}$

c) $\frac{12}{4} = 3$; $\frac{5}{5} = 1$; $\frac{8}{8} = 1$

d) $\frac{7}{10} = 0{,}7$; $\frac{3}{10} = 0{,}3$; $\frac{19}{100} = 0{,}19$; $\frac{1}{10} = 0{,}1$

119 $\frac{19}{8} = 2\frac{3}{8}$; $\frac{13}{8} = 1\frac{5}{8}$; $\frac{17}{8} = 2\frac{1}{8}$; $\frac{11}{8} = 1\frac{3}{8}$; $\frac{25}{8} = 3\frac{1}{8}$; $\frac{22}{8} = 2\frac{6}{8}$

120 echte Brüche: $\frac{5}{8}$; $\frac{4}{5}$; $\frac{2}{5}$; $\frac{7}{8}$; $\frac{3}{4}$; $\frac{2}{5}$

unechte Brüche: $\frac{15}{8} = 1\frac{7}{8}$; $\frac{7}{4} = 1\frac{3}{4}$; $\frac{7}{3} = 2\frac{1}{3}$; $\frac{13}{5} = 2\frac{3}{5}$; $\frac{27}{8} = 3\frac{3}{8}$

uneigentliche Brüche: $\frac{36}{4} = 9$; $\frac{14}{2} = 7$; $\frac{40}{5} = 8$; $\frac{24}{8} = 3$; $\frac{32}{8} = 4$

121 Aleina: richtig Belent: falsch Markus: falsch Karim: richtig

122 **a)** $\frac{1}{2} = \frac{3}{6}$ (mal 3) **b)** $\frac{3}{4} = \frac{6}{8}$ (mal 2) **c)** $\frac{3}{5} = \frac{6}{10}$ (mal 2)

123 **a)** $\frac{2}{4}$ **b)** $\frac{2}{8}$ **c)** $\frac{2}{16}$ **d)** $\frac{2}{10}$ **e)** $\frac{10}{16}$ **f)** $\frac{14}{20}$ **g)** $\frac{6}{8}$ **h)** $\frac{4}{10}$

124 **a)** 3 **b)** 5 **c)** 2 **d)** 2 **e)** 5 **f)** 2 **g)** 4 **h)** 3

125 **a)** $\frac{5}{10}$ **b)** $\frac{2}{10}$ **c)** $\frac{4}{10}$ **d)** $\frac{6}{10}$ **e)** $\frac{8}{10}$ **f)** $\frac{25}{10}$ **g)** $\frac{18}{10}$ **h)** $\frac{22}{10}$

126 **a)** $\frac{25}{100}$ **b)** $\frac{5}{100}$ **c)** $\frac{4}{100}$ **d)** $\frac{2}{100}$ **e)** $\frac{75}{100}$ **f)** $\frac{35}{100}$ **g)** $\frac{125}{100}$ **h)** $\frac{38}{100}$

127 **a)** $\frac{45}{100}$ **b)** nein **c)** $\frac{8}{100}$ **d)** nein **e)** $\frac{24}{100}$ **f)** $\frac{55}{100}$ **g)** $\frac{36}{100}$ **h)** nein

128 **a)** $\frac{4}{5}$ **b)** $\frac{3}{4}$ **c)** $\frac{4}{5}$ **d)** $\frac{2}{3}$ **e)** $\frac{1}{2}$ **f)** $\frac{2}{5}$ **g)** $\frac{2}{5}$ **h)** $\frac{2}{3}$ **i)** $\frac{3}{5}$ **j)** $\frac{3}{4}$

129 **a)** $\frac{3}{5}$ **b)** $\frac{1}{3}$ **c)** $\frac{9}{10}$ **d)** $\frac{7}{10}$ **e)** $\frac{7}{9}$ **f)** $\frac{1}{5}$ **g)** $\frac{3}{5}$ **h)** $\frac{5}{6}$

130 **a)** $\frac{2}{3}$ **b)** $\frac{1}{3}$ **c)** $\frac{3}{4}$ **d)** $\frac{2}{5}$ **e)** $\frac{4}{5}$ **f)** $\frac{5}{6}$ **g)** $\frac{1}{4}$ **h)** $\frac{3}{4}$

131 **a)** $\frac{4}{9}$ **b)** $\frac{5}{7}$ **c)** $\frac{1}{3}$ **d)** $\frac{7}{10}$ **e)** $\frac{2}{5}$ **f)** $\frac{3}{4}$

132 **a)** $\frac{1}{2}$ **b)** $\frac{2}{3}$ **c)** $\frac{1}{9}$ **d)** $\frac{1}{4}$ **e)** $\frac{1}{2}$

133 **a)** $\frac{6}{7}$ **b)** $\frac{3}{4}$ **c)** $\frac{1}{6}$ **d)** $\frac{1}{4}$ **e)** $\frac{1}{2}$

134 **a)** $\frac{1}{2}$ **b)** $\frac{5}{6}$ **c)** $\frac{1}{3}$ **d)** $\frac{1}{7}$ **e)** $\frac{1}{2}$

135 **a)** $\frac{5}{6}$ **b)** $\frac{4}{5}$ **c)** $\frac{1}{3}$ **d)** $\frac{3}{4}$ **e)** $\frac{2}{3}$

136 **a)** $\frac{1}{4}$ **b)** $\frac{1}{5}$ **c)** $\frac{3}{5}$ **d)** $\frac{3}{4}$ **e)** $\frac{4}{15}$

137 **a)** $\frac{1}{2}$ **b)** $\frac{3}{5}$ **c)** $\frac{1}{2}$ **d)** $\frac{3}{4}$ **e)** $\frac{3}{4}$

138 **a)** $\frac{3}{4}$ **b)** $\frac{3}{10}$ **c)** $\frac{2}{3}$ **d)** $\frac{1}{4}$ **e)** $\frac{2}{3}$

139 $\frac{14}{21} \overset{:7}{=} \frac{2}{3}$; $\frac{12}{16} \overset{:4}{=} \frac{3}{4}$; $\frac{14}{35} \overset{:7}{=} \frac{2}{5}$; $\frac{20}{35} \overset{:5}{=} \frac{4}{7}$; $\frac{6}{16} \overset{:2}{=} \frac{3}{8}$; $\frac{9}{15} \overset{:3}{=} \frac{3}{5}$

140 $\frac{2}{5} \overset{\cdot 2}{=} \frac{4}{10} \overset{\cdot 2}{=} \frac{8}{20}$; $\frac{3}{4} \overset{\cdot 2}{=} \frac{6}{8} \overset{\cdot 2}{=} \frac{12}{16}$; $\frac{1}{8} \overset{\cdot 2}{=} \frac{2}{16} \overset{\cdot 2}{=} \frac{4}{32}$; $\frac{1}{2} \overset{\cdot 5}{=} \frac{5}{10} \overset{\cdot 2}{=} \frac{10}{20}$

141 **a)** $\frac{2}{4} = \frac{4}{8}$ **b)** $\frac{2}{8}$ **c)** $\frac{6}{8}$ **d)** $\frac{5}{10}$ **e)** $\frac{2}{10}$ **f)** $\frac{4}{10}$ **g)** $\frac{6}{10}$ **h)** $\frac{8}{10}$

142 **a)** $\frac{2}{4} = \frac{1}{2}$ **b)** $\frac{6}{8} = \frac{3}{4}$ **c)** $\frac{4}{10} = \frac{2}{5}$ **d)** $\frac{2}{6} = \frac{1}{3}$

143 **a)** 12 **b)** 15 **c)** 24 **d)** 31 **e)** 35 **f)** 42

144 **a)** 4 **b)** 7 **c)** 10 **d)** 15 **e)** 20 **f)** 26

145 **a)** 4 **b)** 7 **c)** 8 **d)** 12 **e)** 16 **f)** 20

146 **a)** 5 **b)** 9 **c)** 10 **d)** 20 **e)** 30 **f)** 40

147 **a)** 12 **b)** 18 **c)** 30 **d)** 12 **e)** 16 **f)** 80

148 **a)** 8 Schüler **b)** 9 Buben **c)** 15 Mädchen **d)** 18 Kinder

149 9 Töpfe sind kaputt. 3 Töpfe stehen noch am Balkon.

150 Sie spart 45 €. 15 € sind noch übrig.

151 Er spart 21 €. 14 € sind noch in der Geldbörse.

152 **a)** 0,25 **b)** 0,125 **c)** 0,4 **d)** 0,66 **e)** 0,7 **f)** 0,84
g) 0,375 **h)** 0,44 **i)** 0,6 **j)** 0,85 **k)** 0,3 **l)** 0,625

153 **a)** 2,25 **b)** 1,375 **c)** 1,4 **d)** 2,8 **e)** 2,3 **f)** 2,375
g) 1,875 **h)** 0,92 **i)** 2,4 **j)** 1,35 **k)** 1,7 **l)** 2,625

154 **a)** 3,75 **b)** 2,375 **c)** 6,8 **d)** 1,2 **e)** 2,3 **f)** 3,875
g) 5,125 **h)** 1,875 **i)** 3,2 **j)** 6,3 **k)** 2,6 **l)** 4,625

155 **a)** $0{,}\dot{6}$ **b)** $0{,}8\dot{3}$ **c)** 0,8 **d)** $0{,}\dot{5}$ **e)** 2,1 **f)** 1,375
g) $2{,}\dot{6}$ **h)** $3{,}\dot{6}$ **i)** 0,2 **j)** $2{,}1\dot{6}$ **k)** $0{,}\dot{2}$ **l)** 1,875
a), **d)**, **g)**, **h)**, **k)** rein periodisch
b), **j)** gemischt periodisch
c), **e)**, **f)**, **i)**, **l)** endlich

156 —

157 **a)** $\frac{9}{10}$ **b)** $\frac{75}{100} = \frac{3}{4}$ **c)** $\frac{4}{10} = \frac{2}{5}$ **d)** $\frac{28}{100} = \frac{7}{25}$ **e)** $\frac{44}{10} = 4\frac{2}{5}$
f) $\frac{1\,125}{1\,000} = 1\frac{1}{8}$ **g)** $\frac{36}{10} = 3\frac{3}{5}$ **h)** $\frac{25}{100} = \frac{1}{4}$ **i)** $\frac{5}{10} = \frac{1}{2}$ **j)** $\frac{505}{100} = 5\frac{1}{20}$

158 **a)** $\frac{8}{100} = \frac{2}{25}$ **b)** $\frac{5}{1\,000} = \frac{1}{200}$ **c)** $\frac{22}{1\,000} = \frac{11}{500}$ **d)** $\frac{505}{1\,000} = \frac{101}{200}$ **e)** $\frac{25}{1\,000} = \frac{1}{40}$ **f)** $\frac{104}{100} = \frac{26}{25}$
g) $\frac{206}{100} = 2\frac{3}{50}$ **h)** $\frac{8}{1\,000} = \frac{1}{125}$ **i)** $\frac{66}{1\,000} = \frac{33}{500}$ **j)** $\frac{3\,045}{1\,000} = \frac{609}{200}$ **k)** $\frac{75}{1\,000} = \frac{3}{40}$ **l)** $\frac{2}{1\,000} = \frac{1}{500}$

159 **a)** $\frac{3}{8} < \frac{5}{8} < \frac{7}{8}$ **b)** $\frac{3}{10} < \frac{6}{10} < \frac{9}{10}$ **c)** $\frac{3}{4} < \frac{5}{4} < \frac{7}{4}$ **d)** $\frac{2}{5} < \frac{3}{5} < \frac{4}{5}$ **e)** $\frac{3}{2} < \frac{8}{2} < \frac{9}{2}$

160 **a)** $\frac{1}{8} < \frac{1}{4} < \frac{1}{2}$ **b)** $\frac{1}{2} < \frac{7}{10} < \frac{4}{5}$ **c)** $\frac{1}{2} < \frac{4}{5} < \frac{9}{10}$ **d)** $\frac{1}{2} < \frac{3}{4} < \frac{7}{8}$ **e)** $\frac{3}{10} < \frac{2}{5} < \frac{1}{2}$ **f)** $\frac{1}{5} < \frac{3}{10} < \frac{1}{2}$

161 **a)** 1 **b)** 1 **c)** $\frac{3}{4}$ **d)** $\frac{1}{5}$ **e)** $\frac{1}{2}$ **f)** $\frac{3}{2}$ **g)** $\frac{1}{2}$ **h)** $\frac{4}{5}$

162 **a)** $4\frac{3}{4}$ **b)** 4 **c)** $4\frac{1}{5}$ **d)** 2 **e)** $3\frac{1}{3}$ **f)** $3\frac{1}{2}$ **g)** 4 **h)** $4\frac{1}{3}$

163 **a)** $\frac{3}{4} + \frac{1}{4} = 1$ **b)** $\frac{2}{3} + \frac{1}{3} = 1$ **c)** $\frac{5}{8} + \frac{3}{8} = 1$ **d)** $\frac{2}{4} + \frac{2}{4} = 1$ **e)** $\frac{5}{6} + \frac{1}{6} = 1$
f) $\frac{3}{8} + \frac{5}{8} = 1$ **g)** $\frac{6}{10} + \frac{4}{10} = 1$ **h)** $\frac{3}{5} + \frac{2}{5} = 1$ **i)** $\frac{5}{10} + \frac{5}{10} = 1$ **j)** $\frac{4}{5} + \frac{1}{5} = 1$

164 **a)** $2\frac{5}{8}$ **b)** $3\frac{1}{8}$ **c)** $\frac{1}{4}$ **d)** $\frac{1}{6}$ **e)** $1\frac{3}{5}$ **f)** $\frac{3}{8}$ **g)** $\frac{7}{10}$ **h)** $\frac{3}{4}$

165 **a)** 5 **b)** 4 **c)** $1\frac{1}{2}$ **d)** $3\frac{1}{3}$ **e)** $3\frac{1}{5}$ **f)** $2\frac{1}{2}$ **g)** $2\frac{3}{10}$ **h)** $4\frac{1}{4}$

166 **a)** $2\frac{1}{3}$ **b)** $2\frac{1}{2}$ **c)** $1\frac{3}{5}$ **d)** $\frac{1}{2}$ **e)** $1\frac{3}{4}$ **f)** $\frac{4}{5}$ **g)** $2\frac{2}{3}$ **h)** $\frac{3}{4}$

167 **a)** 2 **b)** $1\frac{1}{4}$ **c)** $3\frac{1}{4}$ **d)** $5\frac{2}{5}$ **e)** 3 **f)** $3\frac{1}{5}$ **g)** $1\frac{1}{2}$ **h)** $3\frac{1}{2}$
i) 2 **j)** $1\frac{3}{4}$ **k)** $\frac{3}{5}$ **l)** $1\frac{2}{5}$ **m)** $\frac{3}{4}$ **n)** $1\frac{1}{2}$ **o)** $\frac{2}{3}$ **p)** $2\frac{1}{4}$

168 **a)** 5 Pizzen **b)** $\frac{3}{4}$ **c)** nein: $2\frac{3}{8}$

169 —

170 **a)** $\frac{5}{8}$ **b)** $8\frac{1}{8}$ **c)** $6\frac{7}{8}$ **d)** $5\frac{1}{4}$ **e)** $1\frac{3}{8}$ **f)** $4\frac{7}{8}$
g) $8\frac{1}{8}$ **h)** $5\frac{5}{8}$ **i)** $1\frac{3}{8}$ **j)** $2\frac{7}{8}$ **k)** $1\frac{5}{8}$ **l)** $1\frac{3}{8}$

171 **a)** $6\frac{3}{8}$ **b)** $3\frac{5}{8}$ **c)** $4\frac{7}{8}$ **d)** $1\frac{3}{4}$ **e)** $3\frac{3}{8}$ **f)** $2\frac{5}{8}$
g) $4\frac{1}{8}$ **h)** $4\frac{1}{8}$ **i)** $5\frac{1}{8}$ **j)** $2\frac{5}{8}$ **k)** $1\frac{1}{8}$ **l)** $2\frac{3}{8}$

172 **a)** 4,5 kg **b)** Ja, z. B. Saft und Wurst auf der einen und den Rest auf der anderen Seite.

173 **a)** $\frac{1}{2}$ **b)** $4\frac{9}{10}$ **c)** $1\frac{4}{5}$ **d)** $1\frac{7}{10}$ **e)** $1\frac{1}{10}$ **f)** $10\frac{1}{5}$
g) $5\frac{4}{5}$ **h)** $2\frac{1}{10}$ **i)** 1 **j)** $3\frac{7}{10}$ **k)** $1\frac{4}{5}$

174 **a)** $2\frac{3}{10}$ **b)** $1\frac{7}{10}$ **c)** $3\frac{1}{10}$ **d)** $1\frac{3}{10}$ **e)** $5\frac{3}{10}$ **f)** $4\frac{9}{10}$
g) $1\frac{3}{10}$ **h)** $2\frac{7}{10}$ **i)** $1\frac{1}{10}$ **j)** $4\frac{3}{5}$ **k)** $\frac{1}{10}$ **l)** $7\frac{1}{10}$

175 **a)** $1\frac{1}{8}$ **b)** $\frac{5}{8}$ **c)** $\frac{9}{10}$ **d)** $\frac{3}{10}$

176 Rechnung 1 → Grafik 3; Rechnung 2 → Grafik 1;
Rechnung 3 → Grafik 4; Rechnung 4 → Grafik 2

177 36,25 km

178 $\frac{1}{4}$ l Saft

179 Nein: $\frac{6}{10} > \frac{5}{10}$

180 1 kg Mehl, $\frac{1}{4}$ kg Butter, $\frac{1}{2}$ kg Nüsse, $\frac{2}{5}$ l Joghurt, 8 Eier, $\frac{3}{4}$ l Schlagobers

181 **a)** $\frac{3}{2}$ **b)** 4 **c)** $\frac{3}{2} = 1\frac{1}{2}$ **d)** 2 **e)** 2
f) $\frac{5}{2} = 2\frac{1}{2}$ **g)** $\frac{1}{3}$ **h)** 2 **i)** $\frac{10}{3} = 3\frac{1}{3}$ **j)** $\frac{5}{2} = 2\frac{1}{2}$

182 **a)** 9 **b)** 7 **c)** $\frac{21}{2} = 10\frac{1}{2}$ **d)** 38 **e)** 33
f) 10 **g)** 33 **h)** 16 **i)** 8 **j)** 22

183 **a)** 48 Kinder können schwimmen. **b)** 18 Kinder tragen eine Brille.
c) 12 Kinder fahren nicht mit dem Bus. **d)** 20 Kinder singen im Chor.
e) 45 Kinder arbeiten in der Kreativgruppe mit.

184 c)

185 **a)** $\frac{1}{4}$ **b)** $\frac{1}{5}$ **c)** $\frac{3}{8}$ **d)** $\frac{1}{6}$ **e)** $\frac{1}{8}$

186 **a)** $\frac{1}{4}$ **b)** $\frac{2}{8} = \frac{1}{4}$ **c)** $\frac{1}{5}$ **d)** $\frac{3}{10}$ **e)** $\frac{3}{10}$
f) $\frac{3}{8}$ **g)** $\frac{1}{8}$ **h)** $\frac{2}{5}$ **i)** $\frac{1}{3}$ **j)** $\frac{1}{10}$

187 **a)** $1\frac{1}{8}$ **b)** $1\frac{1}{5}$ **c)** $2\frac{1}{4}$ **d)** $1\frac{1}{10}$ **e)** $1\frac{3}{4}$
f) $\frac{3}{4}$ **g)** $2\frac{1}{10}$ **h)** $1\frac{1}{5}$ **i)** $\frac{2}{3}$ **j)** $1\frac{1}{3}$

188 $\frac{5}{8}$ l Milch werden für das Frühstück gebraucht.

189 $3\frac{3}{4}$ l Limonade sind noch übrig.

190 **a)** $\frac{1}{6}$ l **b)** $\frac{3}{4}$ l **c)** $\frac{1}{4}$ l

191 **a)** $\frac{1}{4}$ **b)** $\frac{9}{16}$ **c)** $\frac{1}{5}$ **d)** $\frac{1}{6}$ **e)** $\frac{3}{8}$

192 **a)** $\frac{1}{2}$ **b)** $\frac{1}{3}$ **c)** $\frac{2}{9}$ **d)** $\frac{1}{3}$ **e)** $\frac{1}{3}$
f) $\frac{1}{6}$ **g)** $\frac{3}{8}$ **h)** $\frac{4}{9}$ **i)** $\frac{2}{5}$ **j)** $\frac{2}{5}$

193 **a)** $\frac{1}{8}$ **b)** $\frac{1}{4}$ **c)** $\frac{7}{10}$ **d)** $\frac{1}{5}$ **e)** $\frac{1}{6}$
f) $\frac{1}{8}$ **g)** $\frac{1}{2}$ **h)** $\frac{1}{12}$ **i)** $\frac{3}{8}$ **j)** $\frac{1}{9}$

194 **a)** $\frac{10}{3} = 3\frac{1}{3}$ **b)** $\frac{10}{3} = 3\frac{1}{3}$ **c)** $\frac{13}{3} = 4\frac{1}{3}$ **d)** 14 **e)** $\frac{16}{3} = 5\frac{1}{3}$
f) $\frac{12}{7} = 1\frac{5}{7}$ **g)** 2 **h)** $\frac{7}{2} = 3\frac{1}{2}$ **i)** 14 **j)** 2

195 **a)** 12 **b)** 10 **c)** 8 **d)** 6 **e)** $\frac{16}{3} = 5\frac{1}{3}$
f) 10 **g)** 24 **h)** 6 **i)** 9 **j)** 9

196 **a)** 4 **b)** 1 **c)** 3 **d)** 2 **e)** 4
f) 7 **g)** 6 **h)** 7 **i)** 2 **j)** 1

197 **a)** 18 **b)** 4 **c)** 11 **d)** 7 **e)** 10
f) 4 **g)** $\frac{11}{2} = 5\frac{1}{2}$ **h)** 2 **i)** $\frac{16}{3} = 5\frac{1}{3}$ **j)** 3

198 **a)** $4\frac{1}{8}$ **b)** $6\frac{7}{10}$ **c)** $6\frac{7}{8}$ **d)** $3\frac{5}{8}$ **e)** $11\frac{3}{5}$ **f)** $5\frac{4}{5}$

199 **a)** $6\frac{3}{8}$ **b)** $3\frac{5}{8}$ **c)** $4\frac{7}{8}$ **d)** $1\frac{3}{4}$ **e)** $3\frac{3}{8}$ **f)** $2\frac{5}{8}$ **g)** $4\frac{1}{8}$ **h)** $1\frac{1}{8}$

200 **a)** $\frac{3}{5}$ **b)** $4\frac{1}{10}$ **c)** $1\frac{3}{10}$ **d)** $\frac{4}{5}$ **e)** $\frac{3}{4}$ **f)** $1\frac{1}{2}$ **g)** $1\frac{3}{10}$ **h)** $\frac{1}{2}$

201 **a)** $2\frac{1}{4}$ **b)** $\frac{3}{5}$ **c)** $3\frac{1}{2}$ **d)** $1\frac{1}{4}$ **e)** 4 **f)** $1\frac{1}{2}$ **g)** $\frac{1}{6}$ **h)** $2\frac{4}{5}$

202 **a)** 9 **b)** 42 **c)** 27 **d)** 45 **e)** 24 **f)** 16
g) 7 **h)** 8

203 **a)** 10 **b)** 10 **c)** $\frac{3}{8}$ **d)** 14 **e)** 2 **f)** $1\frac{1}{2}$

204 $1\frac{2}{5}$ l

205 **a)** 160 m; 320 m **b)** 210 m; 420 m

206 **a)** 15 Kinder **b)** 8 Buben **c)** 6 Kinder **d)** 4 Kinder

207 9 Liter

208 40 min

209 **a)** 5 mal **b)** 10 mal **c)** 20 mal

210 15 Gläser

211 Es bleiben keine Kirschen übrig.

212 **a)** 12 mal **b)** 24 mal

213 **a)** 32 Schüler **b)** 30 Schüler **c)** 5 Schüler **d)** 28 Schüler

214 20 Tassen

215 $\frac{1}{2}$ Melone

216 $2\frac{1}{2}$ h

217 **a)** $2\frac{1}{2}$ Liter **b)** $2\frac{1}{4}$ Liter **c)** $2\frac{3}{8}$ Liter

218 10 cm

219 **a)** $\frac{1}{2}$ kg Butter; $2\frac{1}{2}$ kg Äpfel; $1\frac{1}{2}$ kg Mehl; 3 Zitronen; 1 kg Topfen; $\frac{1}{4}$ kg Nüsse
b) $\frac{1}{8}$ kg Butter; $\frac{5}{8}$ kg Äpfel; $\frac{3}{8}$ kg Mehl; $\frac{3}{4}$ Zitrone; $\frac{1}{4}$ kg Topfen; $\frac{1}{16}$ kg Nüsse

220 $\frac{1}{20}$ übrig → 1 Stück

221 $\frac{6}{8} = \frac{3}{4}$

222 Schokolade: $\frac{1}{4}$, $\frac{3}{4}$; Kuchen: $\frac{1}{6}$, $\frac{5}{6}$

223 Nein, denn es sind nur 11 l.

224 Es geht sich aus (3,75 l).

225 $3\frac{3}{8}$ kg Äpfel

226 $\frac{1}{4}$ bleibt übrig

227 12 Mädchen

228 9 Buben

229 200 Becher

230 18 haben bezahlt, 6 müssen noch zahlen.

Geometrische Grundbegriffe

231 **a)** 50 mm **b)** 120 mm **c)** 92 mm **d)** 58 mm **e)** 90 mm **f)** 350 mm

232 **a)** 300 mm **b)** 450 mm **c)** 880 mm **d)** 240 mm **e)** 700 mm **f)** 50 mm

233 **a)** 40 cm **b)** 28 cm **c)** 77 cm **d)** 1 cm **e)** 90 cm **f)** 95 cm

234 **a)** 2,5 cm **b)** 6,7 cm **c)** 14 cm **d)** 37,5 cm **e)** 8 cm **f)** 9,5 cm **g)** 57 cm **h)** 62,5 cm

235 **a)** 0,5 m **b)** 0,25 m **c)** 0,75 m **d)** 0,125 m **e)** 0,8 m **f)** 0,95 m
g) 0,13 m **h)** 0,3 m **i)** 0,5 m **j)** 0,12 m **k)** 0,7 m **l)** 0,58 m

236 **a)** 1,5 m **b)** 2,2 m **c)** 1,1 m **d)** 3,63 m **e)** 1,7 m **f)** 3,45 m

237 **a)** 2 m **b)** 2,5 m **c)** 3,5 m **d)** 1,25 m **e)** 1,8 m **f)** 2,9 m **g)** 1,3 m **h)** 3 m

238 **a)** 250 cm **b)** 370 cm **c)** 155 cm **d)** 325 cm **e)** 80 cm **f)** 150 cm **g)** 277 cm **h)** 75 cm

239 **a)** 500 mm **b)** 2 800 mm **c)** 2 660 mm **d)** 50 mm
e) 300 mm **f)** 3 300 mm **g)** 1 230 mm **h)** 4 250 mm

240 **a)** 5 km **b)** 2,8 km **c)** 0,66 km **d)** 3,5 km **e)** 0,99 km **f)** 2,25 km **g)** 1,23 km **h)** 4,75 km

241 **a)** 600 m **b)** 1 800 m **c)** 4 250 m **d)** 90 m **e)** 900 m **f)** 5 300 m

242 **a)** 6 mm – falsch; 60 cm = 6 dm **b)** 1,3 m – richtig **c)** 1 m – richtig
d) 5 m – falsch; 5 dm = 50 cm **e)** 6 dm – richtig **f)** 80 m – falsch; 8 m = 80 dm
g) 1,3 m – richtig **h)** 20 cm – falsch; 2 m = 20 dm

243 **a)** 3 m **b)** 2 500 mm **c)** 0,22 m **d)** 8 500 mm
e) 0,55 m **f)** 7 500 mm **g)** 4,55 m **h)** 6 100 mm

244 **a)** 6 300 m **b)** 2 500 m **c)** 800 m

245 **a)** 1 cm^2 = 100 mm^2 **b)** 0,25 cm^2 = 25 mm^2 **c)** 1,5 cm^2 = 150 mm^2 **d)** 1,8 cm^2 = 180 mm^2
e) 1 cm^2 = 100 mm^2 **f)** 0,75 cm^2 = 75 mm^2 **g)** 0,1 cm^2 = 10 mm^2 **h)** 0,5 cm^2 = 50 mm^2

246 **a)** 2 cm^2 **b)** $1\frac{1}{4}$ cm^2 **c)** 1 cm^2 **d)** 3 cm^2 **e)** 2,5 cm^2 **f)** $2\frac{1}{4}$ cm^2
g) 5 cm^2 **h)** 1,5 cm^2 **i)** 0,5 cm^2 **j)** 0,75 cm^2 **k)** 0,25 cm^2
Farblos sind 10 cm^2.

247 **a)** 4 500 dm^2 **b)** 11 cm^2 **c)** 1 850 m^2 **d)** 5 a **e)** 381 dm^2 **f)** 610 cm^2
g) 60 dm^2 **h)** 80 a **i)** 720 dm^2 **j)** 309 mm^2 **k)** 2 500 mm^2 **l)** 630 ha

248 **a)** 1,6 a **b)** 0,75 m^2 **c)** 3,5 dm^2 **d)** 0,9 a **e)** 2 a **f)** 5,8 m^2
g) 5,9 dm^2 **h)** 5,2 m^2 **i)** 6 m^2 **j)** 0,5 ha **k)** 1,5 km^2 **l)** 0,4 dm^2

249 **a)** 1 200 dm^2 **b)** 1,1 dm^2 **c)** 530 dm^2 **d)** 0,6 dm^2 **e)** 700 dm^2 **f)** 0,75 dm^2
g) 45 dm^2 **h)** 90 dm^2 **i)** 40 dm^2 **j)** 0,5 dm^2 **k)** 0,25 dm^2 **l)** 35 dm^2

250 —

251 —

252 —

253 —

254 **a)** d = 8,1 cm; U = 22 cm; A = 28 cm^2 **b)** d = 6,5 cm; U = 18 cm; A = 19,25 cm^2
c) d = 9,9 cm; U = 27 cm; A = 42,5 cm^2 **d)** d = 7,2 cm; U = 19 cm; A = 19,5 cm^2

255 **a)** d = 9,9 cm; U = 28 cm; A = 49 cm^2 **b)** d = 7,8 cm; U = 22 cm; A = 30,25 cm^2
c) d = 12 cm; U = 34 cm; A = 72,25 cm^2 **d)** d = 9,2 cm; U = 26 cm; A = 42,25 cm^2

256 **a)** U = 24 cm; A = 36 cm^2 **b)** U = 32 cm; A = 64 cm^2 **c)** U = 36 cm; A = 81 cm^2
d) U = 26 cm; A = 40 cm^2 **e)** U = 32 cm; A = 63 cm^2 **f)** U = 40 cm; A = 96 cm^2

257 **a)** A = 18,72 m^2 **b)** U = 40 m **c)** A = 3,9 m^2

258 gleicher Umfang: 1, 2, 4, 5 gleicher Flächeninhalt: 1, 2

259 Paul: Rechteck; Max: Quadrat; Damir: Quadrat; Anna: Rechteck; Lea: Quadrat

260 1. (2); 2. (1); 3. (1); 4. (2); 5. (1); 6. (x); 7. (2); 8. (2); 9. (1); 10. (2); 11. (1); 12. (2)

261 **a)**

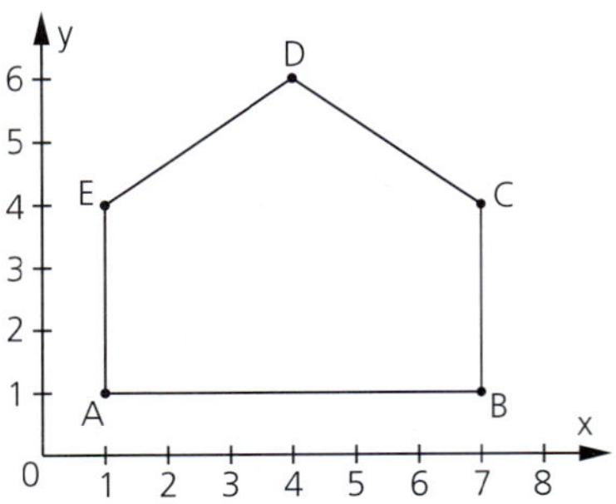

262 **a)**

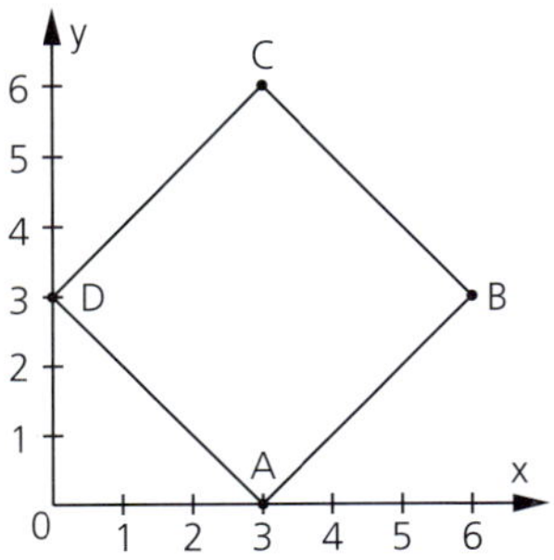

263 **a)** D (1|3)

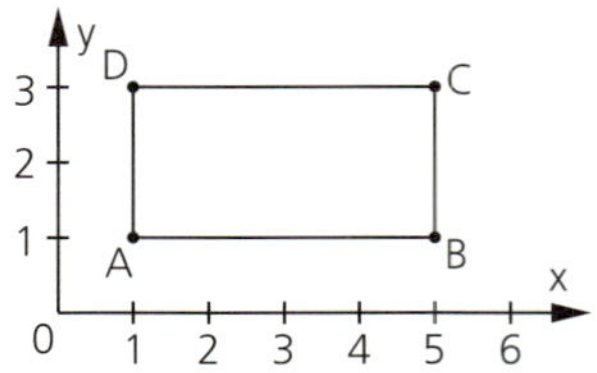

b) D (0|4) **c)** D (3|5)

264 **a)** C (6|4), D (2|4) **b)** C (6|3), D (3|6) **c)** C (3|5), D (0|5) **d)** C (7|7), D (2|7)
e) C (4|5), D (2|3)

265 **a)** Trapez **b)** Deltoid **c)**, **d)** Parallelogramm **e)** Rechteck

266 **a)** A (0|2), B (4|2), C (4|0), D (6|3), E (4|6), F (4|4), G (0|4)
b) A (0|0), B (8|0), C (8|4), D (6|1), E (4|4), F (2|1), G (0|4)
c) A (0|0), B (3|3), C (6|0), D (6|4), E (4|6), F (2|6), G (0|4)

267 —

268 A (2|1), B (6|2), C (5|5), D (2|6), E (0|3)

269 —

270 —

271 —

272 **a)**

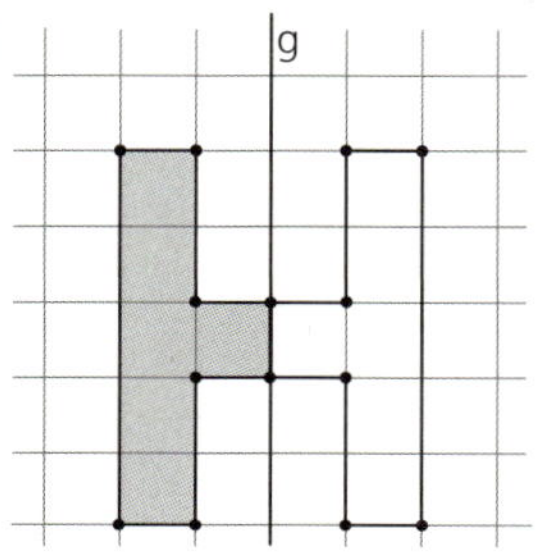

b)

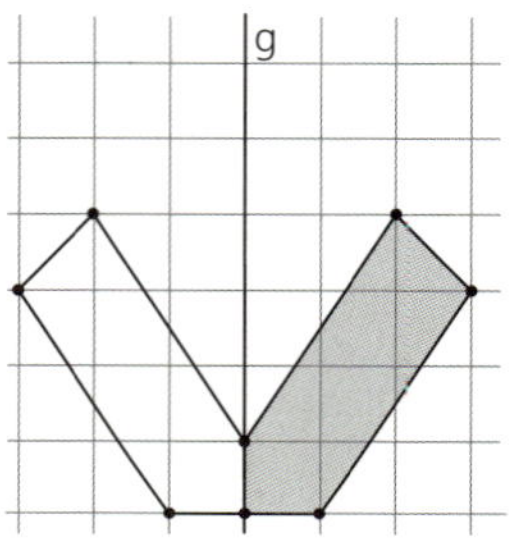

c)

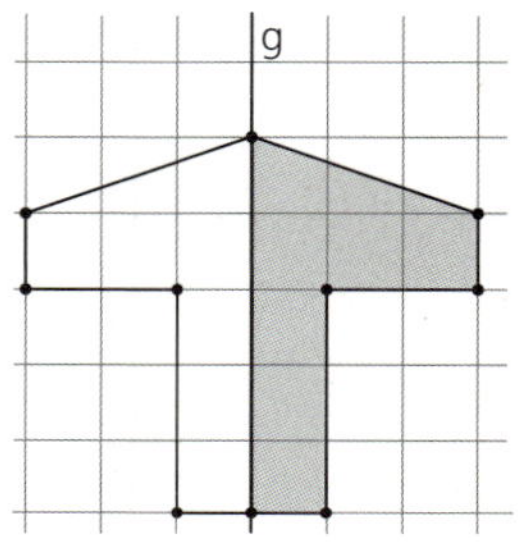

d)

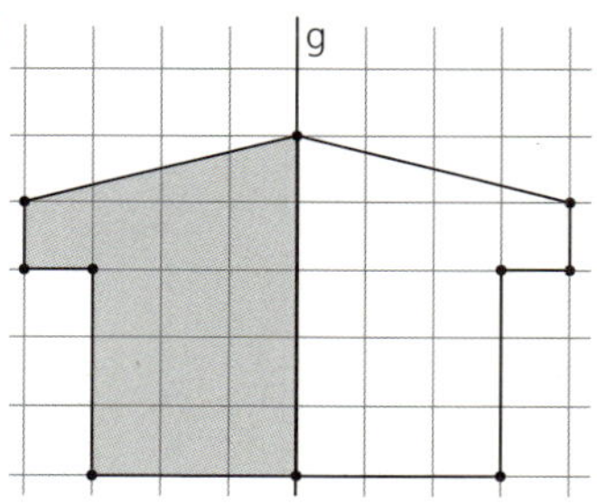

e)

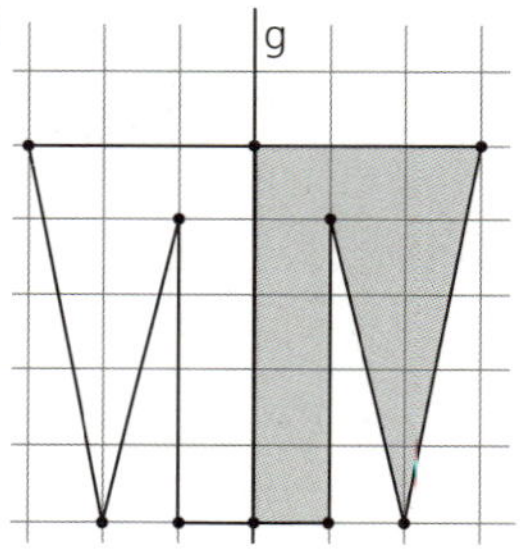

f)

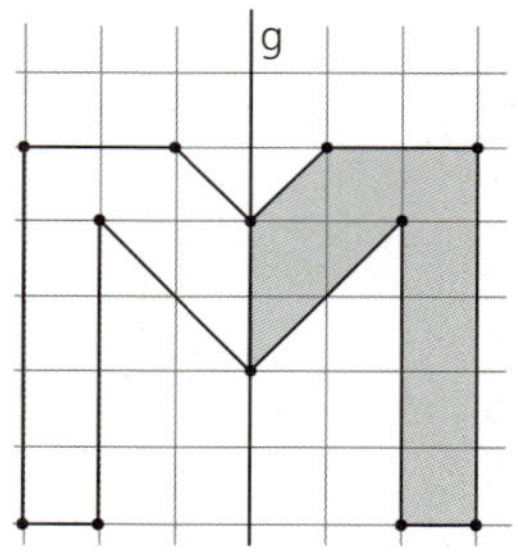

273 **a) – c)**

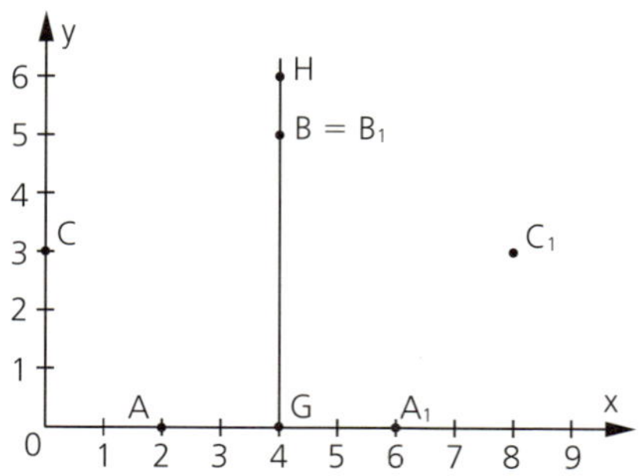

274 —

275 **a)** 3,5 cm

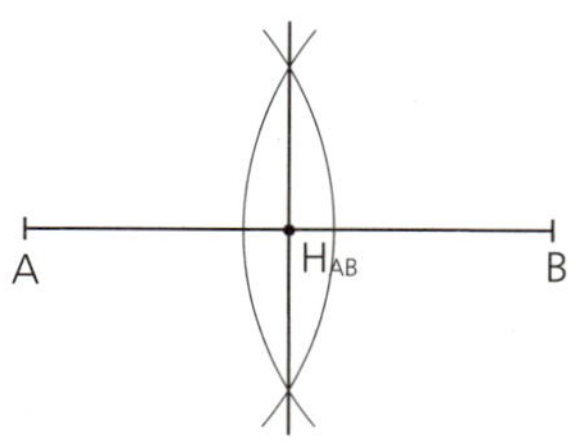

b) 3,2cm **c)** 4,3 cm **d)** 4,6 cm

276 **a)** M (2|2) **b)** M (3,5|2) **c)** M (5,5|1) **d)** M (3|1,5)

277 —

278 —

279 **a), c), d), f), j)** spitzer Winkel
b), h), i) stumpfer Winkel
e), g) rechter Winkel

280 —

281

282 **a)** 35°

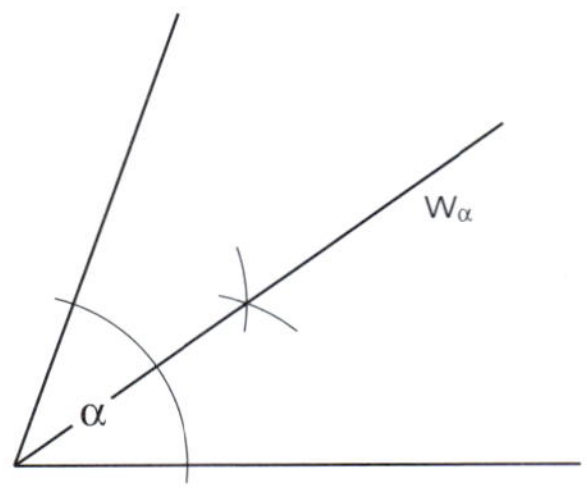

b) 42,5° **c)** 64° **d)** 80°
e) 20° **f)** 32,5° **g)** 51°
h) 70°

283 **a)** 90° **b)** 45° **c)** 22,5° **d)** 67,5°

284 Winkelsymmetrale

285 **a)** halbiert **b)** kleiner **c)** ja **d)** ja **e)** normal **f)** ja **g)** y-Achse **h)** ja

Direkte und indirekte Proportionen

286

	Semmel	Müsli	Kuchenstück
1 Stück	0,50 €	1 €	1,50 €
2 Stück	1 €	2 €	3 €
3 Stück	1,50 €	3 €	4,50 €
4 Stück	2 €	4 €	6 €
5 Stück	2,50 €	5 €	7,50 €

287

Pizza	Preis
1 Stück	2,50 €
2 Stück	5 €
3 Stück	7,50 €
4 Stück	10 €
5 Stück	12,50 €

288

Menge	Pommes	Hot Dog	Eis	Saft
1	1,80 €	2,90 €	2,40 €	1,60 €
2	3,60 €	5,80 €	4,80 €	3,20 €
3	5,40 €	8,70 €	7,20 €	4,80 €
4	7,20 €	11,60 €	9,60 €	6,40 €
5	9 €	14,50 €	12 €	8 €

289 **a)** 14,40 € **b)** 2,40 € **c)** 1,20 € **d)** 3,20 €

290 0,40 €; 1,99 €; 0,69 €; 1,99 €

291 **a)** 1,40 € **b)** 6 € **c)** 0,80 € **d)** 8,80 € **e)** 12 €

292 2 €

293 2,70 €

294 **a)** 24,7 l **b)** 52 l **c)** 4,55 l **d)** 9,75 l

295 **a)** 8 l **b)** 9 l **c)** 8 l **d)** 5 l

296 10,50 €

297 33 Fliesen

298 11,04 €

299 Hundefutter: 4 €; Katzenfutter: 5 €

300 5 200 €

301 5 mal

302 35 m^3

303 ca. 2 l Lack

304 **a)** richtig; 2 km; 20 km; richtig
b) 60 km; richtig; 80 km; 5 km
c) 120 km; 30 km; richtig; richtig

305 **a)** 0,70 €; 0,35 € **b)** 1,50 €; 0,75 € **c)** 0,30 €; 0,15 € **d)** 0,42 €; 0,21 €

306 **a)** 3 € **b)** 4 € **c)** 7,70 € **d)** 19,90 € **e)** 18 € **f)** 8 €

307 **a)**

1 Krapfen	1,10 €
1 Kipferl	0,90 €
1 Mohnweckerl	0,80 €

b)

3 Krapfen	3,30 €
5 Kipferl	4,50 €
3 Mohnweckerl	2,40 €

308 pro kg Preise: **a)** 6 € **b)** 5,60 € **c)** 7 € → „Alles günstig"

309 Preise pro Stück: **a)** 1,20 € **b)** 1,06 € **c)** 1,28 € → Michelle

310 Vergleichsgröße: z. B.: 1 kg
Kat-Gut: 7,50 €; Frischebeutel: 10 €; Häppchen: 4,20 €; Gloria: 5,20 €
→ Häppchen ist am billigsten.

311 **a)** 0,43 €; 0,06 € **b)** 1,30 €; 0,20 € **c)** 2,45 €; 0,45 €

312 Preis pro Stück: Back-Fein: 0,90 €; Back-Meister: 1 €; Krapfen-Meister: 0,80 €
→ Krapfen-Meister ist am billigsten.

313 – **316**

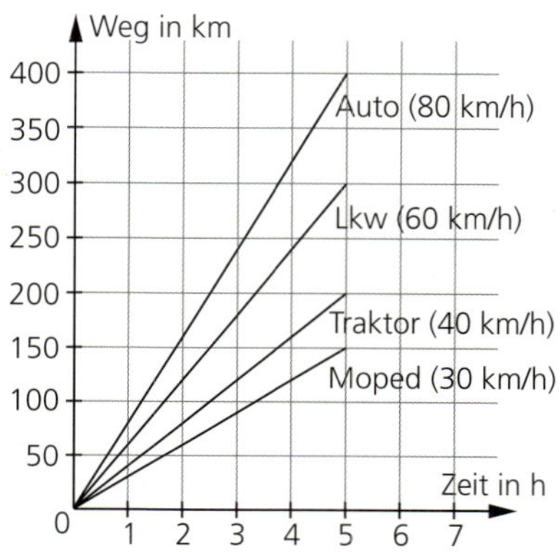

317 **a)** 240 km **b)** 4 h **c)** 60 km **d)** Autofahrer: 60 km/h; Mopedfahrer: 30 km/h; Radfahrer: 15 km/h

318 2,5 h

319 4 h

320

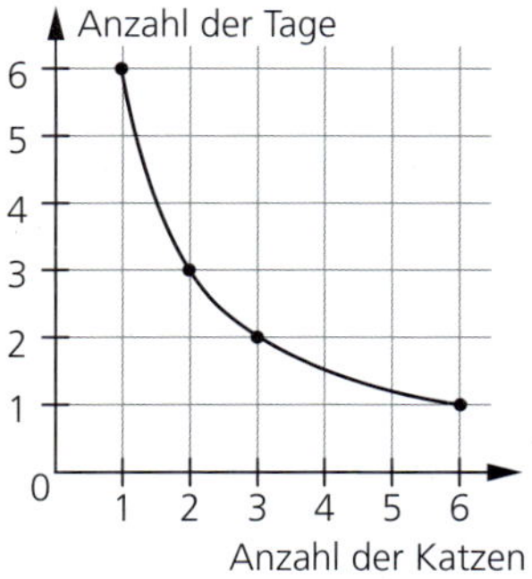

321

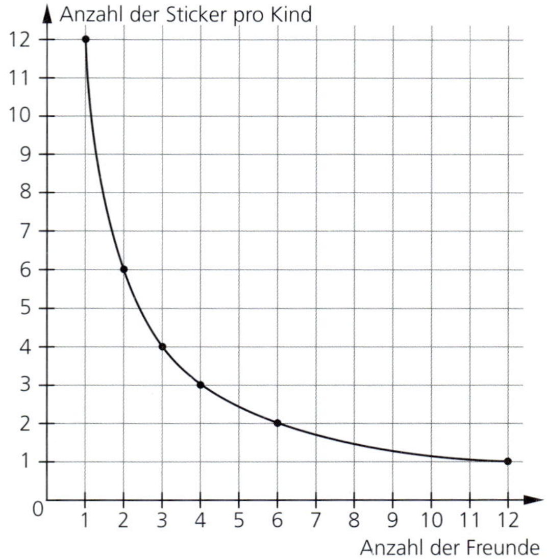

322 2,5 h

323 20 min

324 $\frac{1}{2}$ Woche

325 6 Tage

326 45 Minuten

327 24 Stunden

328 15 Tage

329 1,5 h

330 42 l

331 Keine Schlussrechnung

332 4 Seiten

333 15 €

334 150 min = 2 h 30 min

335 24 sec

336 genau so lange; keine Schlussrechnung

337 40 Tage

338 180 m

339 3 €

340 10 Stunden

341 keine Schlussrechnung

342 60 €

Dreiecke

343 —

344 **a)** falsch **b)** richtig **c)** falsch **d)** richtig

345 **a)** a = 6,2 cm; b = 4,5 cm; c = 7 cm; $\alpha = 61°$; $\beta = 39°$: $\gamma = 80°$
b) a = 3,2 cm; b = 5,9 cm; c = 6 cm; $\alpha = 31°$; $\beta = 73°$: $\gamma = 76°$
c) a = 4,1 cm; b = 4,2 cm; c = 5,2 cm; $\alpha = 50°$; $\beta = 51°$: $\gamma = 79°$
d) a = 4,5 cm; b = 4,5 cm; c = 6,4 cm; $\alpha = 45°$; $\beta = 45°$: $\gamma = 90°$

346 **a)** a = 2,3 cm; b = 4,2 cm; c = 4,5 cm; ungleichseitig; spitzwinklig
b) a = b = c = 3 cm; gleichseitig; spitzwinklig
c) a = b = 3,1 cm; c = 5,2 cm; gleichschenklig; stumpfwinklig
d) a = b = 2,5 cm; c = 3,5 cm; gleichschenklig; rechtwinklig
e) a = 5,7 cm; b = 2,1 cm; c = 4,4 cm; ungleichseitig; stumpfwinklig
f) a = 2,6 cm; b = 4 cm; c = 4,8 cm; ungleichseitig; rechtwinklig

347 **a)** ungleichseitig; spitzwinklig **b)** ungleichseitig; rechtwinklig
c) ungleichseitig; stumpfwinklig **d)** gleichschenklig; spitzwinklig

348 **a)** 90° **b)** 63° **c)** 25° **d)** 65° **e)** 60° **f)** 60°

349 **a)** 23° **b)** 85° **c)** 45° **d)** 22°

350 **a)** Nein, denn ein rechter Winkel und ein stumpfer Winkel ergeben zusammen mehr als 180°.
b) Nein, denn die beiden rechten Winkel ergeben zusammen bereits 180°.
c) ja

351 **a)** $\alpha = 56°$; U = 14,5 cm **b)** $\alpha = 27°$; U = 194 cm
c) $\alpha = 84°$; U = 183 cm **d)** $\alpha = 45°$; U = 20,6 cm

352 **a)** kein Dreieck **b)** $\alpha = 27°$ **c)** kein Dreieck **d)** $\alpha = 28°$
e) $\alpha = 19°$ **f)** $\alpha = 33°$ **g)** kein Dreieck

353 **a)** b = 5,6 cm **b)** a = 78 mm **c)** b = 59 mm **d)** a = 9,3 cm
e) b = 5,7 cm **f)** a = 81 mm **g)** b = 80 mm

354 **a)** a = 3,8 cm **b)** a = 67 mm **c)** a = 78 mm **d)** a = 7,7 cm

355 —

356 **a)** c = 5 cm **b)** c = 97 mm **c)** c = 63 mm

357 **a)** c = 3,5 cm **b)** c = 53 mm **c)** c = 94 mm **d)** c = 6,3 cm

358 **a)** WSW; a = 5 cm **b)** SWS; b = 47 mm **c)** SSS; $\alpha = 35°$ **d)** WSW; a = 4,6 cm

359 **a)** c = 5,3 **b)** c = 6,7 cm **c)** C ~ (0,8|5,4) **d)** C ~ (5,8|6)

360 **a)** a = 9,1 cm **b)** b = 6,3 cm **c)** a = 6,8 **d)** $\alpha = 61°$

361 —

362 **a)** $\alpha = 37°$; U = 18 cm **b)** $\alpha = 35°$; U = 20 cm
c) $\alpha = 61°$; U = 238 mm **d)** $\alpha = 52°$; U = 17,1 cm

363 **a)** a = 3,9 cm **b)** a = 80 mm **c)** a = 57 mm **d)** a = 6,3 cm

364 —

365 **a)** a = 5,7 cm **b)** h_c = 42 mm **c)** a = 45 mm

366 **a)** U = 18 cm **b)** U = 144 mm **c)** U = 165 mm **d)** U = 11,4 cm

367	**a)** Zeichnung: a = 3,5 cm		**b)** Zeichnung: a = 7 cm		**c)** Zeichnung: a = 2,2 cm	

368 **a)** 5 **b)** 17 **c)** 13

369 3 cm

370 —

371 —

372 —

373 **a)** $\alpha = 25°$ **b)** $\beta = 15°$ **c)** $\alpha = 40°$

374 **a)** c = 6,1 cm; u = 14,6 cm **b)** c = 81 mm; u = 191 mm **c)** c = 85 mm; u = 200 mm

375 **a)** b = 5,1 cm; u = 12,6 cm **b)** b = 28 mm; u = 124 mm **c)** b = 28 mm; u = 183 mm

376 **a)** a = 3,6 cm, $\beta = 55°$ **b)** a = 66 mm, $\alpha = 70°$ **c)** a = 56 mm, $\beta = 25°$ **d)** a = 6,5 cm, $\alpha = 50°$

377 Längen der Basisseiten: 2,5 cm bzw. 3 cm;
Längen der Höhen: 3,5 cm bzw. 4,2 cm

378 **a)** a = 46 mm **b)** a = 6,2 cm **c)** a = 7 cm **d)** a = 3,7 cm **e)** a = 4,4 cm **f)** a = 5,5 cm

379 **a)** c = 4,2 cm; U = 10,2 cm **b)** c = 7,2 cm; U = 17,4 cm **c)** c = 8,5 cm; U = 20,5 cm

380 **a)** a = 6,9 cm **b)** a = 65 mm **c)** a = 8,08 cm **d)** c = 5,2 mm

381 2 rechtwinklige-gleichschenklige Dreiecke; 4 rechtwinklige Dreiecke; 5 gleichschenklige Dreiecke; 3 Rechtecke; 4 Quadrate; 4 spitzwinklige Dreiecke

382 —

383 —

384 —

385 **a)** A = 3 cm^2 **b)** A = 2,88 cm^2 **c)** A = 3,2 cm^2

386 **a)** 30 cm^2 **b)** 1 350 mm^2 **c)** 1 300 mm^2 **d)** 0,45 m^2

387 **a)** 5 m^2 **b)** 7,28 m^2 **c)** 9 m^2

388 **a)** 42 **b)** 84 **c)** 168 **d)** 252

389 **a)** kleines Geodreieck: 64 cm^2 **b)** großes Geodreieck: ~ 156 cm^2

390 **a)** A = 12,5 cm^2 **b)** A = 5,12 cm^2 **c)** A = 11,52 cm^2

391 **a)** A **b)** 2A **c)** 2A

392 **a)** 4 **b)** 6 **c)** 4 **d)** 10

393 Quadrate: 1 cm^2 – $2\frac{1}{4}$ cm^2

Rechtecke: $\frac{1}{2}$ cm^2 – $1\frac{1}{2}$ cm^2 – 2 cm^2 – 3 cm^2

Dreiecke: $1\frac{1}{4}$ cm^2 – 2 mal $\frac{1}{2}$ cm^2 – $2\frac{1}{2}$ cm^2

394 2 Fenster links: je 0,75 m^2, Tür 2,4 m^2;
oberes Fenster 0,72 m^2;
unteres Fenster 0,48 m^2;
2 Dreiecksfenster rechts je 1,04 m^2;
Fenster Mitte 1,04 m^2

Gleichungen

395	**a)**, **c)**, **d)**, **e)**, **f)**, **h)** ja							
396	**a)** 4	**b)** 3	**c)** 1	**d)** 4	**e)** 6	**f)** 5	**g)** 6	**h)** 5
397	**a)** 12	**b)** 10	**c)** 8	**d)** 6	**e)** 13	**f)** 7	**g)** 11	**h)** 9
398	2							
399	**a)** 7	**b)** 21	**c)** 25	**d)** 11	**e)** 15	**f)** 2	**g)** 15	**h)** 12
400	**a)** 6	**b)** 8	**c)** 35	**d)** 12	**e)** 5	**f)** 18	**g)** 9	**h)** 22
401	**a)** 9	**b)** 8	**c)** 48	**d)** 40	**e)** 50	**f)** 14	**g)** 9	**h)** 80
402	**a)** 18	**b)** 27	**c)** 12	**d)** 72	**e)** 20	**f)** 5	**g)** 84	**h)** 90
403	**a)** 125	**b)** 108	**c)** 15	**d)** 64	**e)** 110	**f)** 16	**g)** 3	**h)** 73

404 Wie lang ist ein Teil? 10 cm

405 Wie lang ist die Strecke? 80 m

406 Wie viel Euro hat Alex schon? 53 €

407 Wie alt ist ihre Tochter? 35 Jahre

408 Wie alt ist der Vater? 38 Jahre

409 Wie alt ist der Bruder? 6 Jahre

410 Wie viel kostet eine Limonade? 2 €

411 Wie lautet die Zahl? 15

412 Wie lautet die Zahl? 18

413 Wie lautet die Zahl? **a)** 18 **b)** 30

414 Wie lautet die Zahl? **a)** 8 **b)** 21

415 Wie viele Portionen hat er gegessen? 3 Portionen

416 Wie viel hat er schon gespart? 8,40 €

417
Paul — Wie viel Stück habe ich Tamara gegeben? 22 Pickerl
Vera — Auf wie viele Freunde werden die Kaugummis aufgeteilt? 3 Freunde
Sina — Wie viel kostet eine Packung? 2 €
Susanne — Wie viel Stück hatte ich davor? 28 Stück

418 Bahn 1: Harry Bahn 2: Benny Bahn 3: Thomas Bahn 4: Andy Bahn 5: Daniel Bahn 6: Mark

419 1. Platz: Martina 2. Platz: Anna 3. Platz: Daniela 4. Platz: Tamara 5. Platz: Rita 6. Platz: Tanja

420
Michael: Pferd
Petra: Katze
Steffi: Hund
Lukas: Kaninchen

Vierecke und Vielecke

421 —

422 —

423 **a)** $\delta = 110°$ **b)** $\gamma = 65°$ **c)** $\beta = 137°$ **d)** $\beta = 61°$

424 **a)** f = 6 cm **b)** f = 5,5 cm **c)** f = 7,4 cm **d)** f = 7,8 cm

425 **a)** M (3|3) **b)** M (4|2) **c)** M (4|3) **d)** M (4|4)

426 —

427 **a)** a = 2 cm **b)** a = 1 cm **c)** a = 1,5 cm **d)** a = 3 cm **e)** a = 2,5 cm

428 —

429 **a)** f = 4,9 cm; U = 16 cm **b)** f = 6,2 cm; U = 16 cm **c)** f = 5 cm; U = 17 cm

430 **a)** e = 7,9 cm; U = 21,4 cm **b)** e = 5,7 cm; U = 17,6 cm **c)** e = 4 cm; U = 13 cm **d)** e = 9,5 cm; U = 21,8 cm

431 **a)** 4 Elemente **b)** 3 Elemente

432 **a)** d = 6,1 cm; U = 17 cm **b)** d = 5,2 cm; U = 14,4 cm **c)** d = 7,4 cm; U = 20,6 cm **d)** d = 6,3 cm; U = 17,2 cm

433 —

434 **a)** b = 2,7 cm **b)** b = 3,3 cm **c)** b = 3,6 cm **d)** b = 2,3 cm

435 **a)** D (1|3) **b)** D (0|3) **c)** D (2|5) **d)** D (0|2)

436 —

437 **a)** u = 10 cm **b)** u = 14 cm **c)** u = 12 cm **d)** u = 16 cm

438 —

439 **a)** $\alpha = \gamma = 60°$; $\beta = \delta = 120°$ **b)** $\alpha = \gamma = 45°$; $\beta = \delta = 135°$ **c)** $\alpha = \gamma = 70°$; $\beta = \delta = 110°$ **d)** $\alpha = \gamma = 80°$; $\beta = \delta = 100°$

440 **a)** e = 8,2 cm **b)** e = 5,8 cm **c)** e = 10,6 cm

441 **a)** e = 8,8 cm **b)** e = 6,4 cm **c)** e = 4,3 cm **d)** e = 11,2 cm

442 siehe Eigenschaften der Raute (S. 89)

443 **a)** 0 **b)** gegenüberliegende **c)** verschieden **d)** rechten **e)** gegenüberliegende

444 **a)** a = 3,9 cm **b)** a = 4,1 cm **c)** a = 4,2 cm

445 **a)** e = 6 cm **b)** e = 5,7 cm **c)** f = 6,2 cm **d)** e = 9,2 cm

446 —

447 —

448 Richtige Aussagen: Die Diagonalen stehen im rechten Winkel aufeinander; gegenüberliegende Seiten sind parallel; gegenüberliegende Winkel sind gleich groß; die Winkelsumme ist 360°; die Diagonalen sind unterschiedlich lang

449 **a)** d = 7,1 cm, u = 20 cm **b)** d = 8,5 cm, u = 24 cm **c)** d = 4,9 cm, u = 14 cm **d)** d = 6,4 cm, u = 18 cm

450 **a)** a = 4,2 cm **b)** a = 4,9 cm **c)** a = 3,3 cm **d)** a = 4,4 cm

451 **a)** D (1|6); $a = 5$ cm; $u = 20$ cm **b)** D (2|4); $a = 2$ cm; $u = 8$ cm
c) D (0|3); $a = 4{,}2$ cm; $u = 16{,}8$ cm **d)** D (0|3); $a = 2{,}8$ cm; $u = 11{,}2$ cm

452 **a)** $d = 8{,}9$ cm; $u = 25{,}2$ m **b)** $d = 6{,}8$ cm; $u = 19{,}2$ m
c) $d = 7{,}4$ cm; $u = 20{,}8$ m **d)** $d = 4{,}7$ cm; $u = 13{,}2$ m

453 **a)** $u = 10$ cm **b)** $u = 6$ cm **c)** $u = 14$ cm **d)** $u = 18$ cm

454 **a)** 4 **b)** 360° **c)** größer **d)** gegenüberliegende **e)** länger

455 **a)** $e = 7{,}9$ cm **b)** $f = 4{,}7$ cm **c)** $e = 5{,}6$ cm **d)** $e = 8{,}1$ cm
e) $f = 7{,}3$ cm **f)** $e = 5{,}5$ cm **g)** $f = 5{,}9$ cm

456 $b = d$; $\alpha = \beta$; $\delta = \gamma$; $e = f$
a) $e = 6{,}6$ cm **b)** $e = 8{,}1$ cm **c)** $e = 8{,}1$ cm **d)** $e = 7$ cm

457 **a)** $c = 5{,}9$ cm **b)** $c = 3{,}7$ cm **c)** $c = 3{,}6$ cm

458 **a)** D (1|3) **b)** D (2|4) **c)** D (1|3) **d)** D (2|3)

459 Trapeze sind alle außer **e)**.

460 **a)** $f = 6{,}6$ cm **b)** $f = 9{,}6$ cm **c)** $f = 5{,}2$ cm **d)** $e = 7{,}5$ cm
e) $e = 7{,}1$ cm **f)** $e = 8{,}6$ cm **g)** $f = 4{,}3$ cm

461 **a)** D (0|4) **b)** D (2|3) **c)** D (2|6) **d)** D (1|2)

462 —

463 **a)** $f = 5{,}7$ cm **b)** $e = 6{,}1$ cm **c)** $f = 9{,}7$ cm

464 —

465 **a)** Rechteck **b)** Raute **c)** Quadrat **d)** Parallelogramm **e)** Raute

466 **a)** Deltoid **b)** Quadrat **c)** Raute **d)** Dreieck **e)** Trapez

467

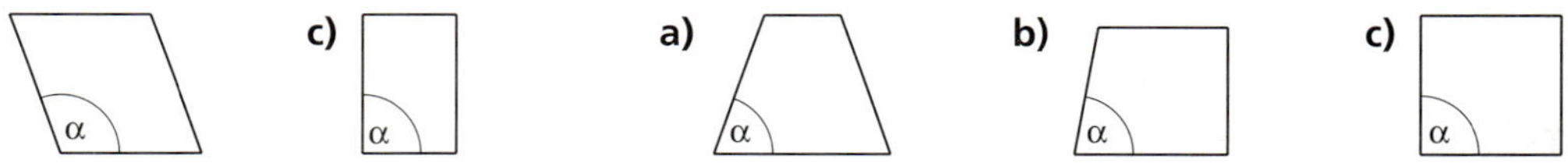

d)	**c)**	**a)**	**b)**	**c)**
Parallelogramm	Rechteck	Trapez	Trapez	Quadrat

468 **a)** Deltoid **b)** Parallelogramm **c)** Raute **d)** Trapez

469 **a)** nicht möglich **b)** möglich **c)** möglich
d) nicht möglich **e)** möglich (→ Quadrat) **f)** möglich

470 **a)** 110 m **b)** 116 m **c)** 118 m **d)** 100 m

471 Rechteck; Raute; Trapez; Quadrat; Parallelogram; Deltoid

472

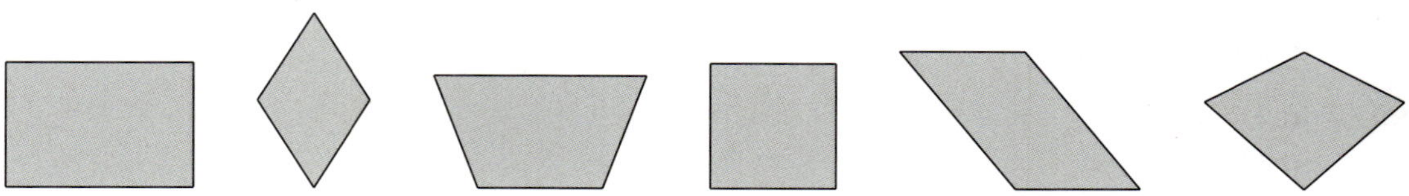

2 1 3 1 2 2

473

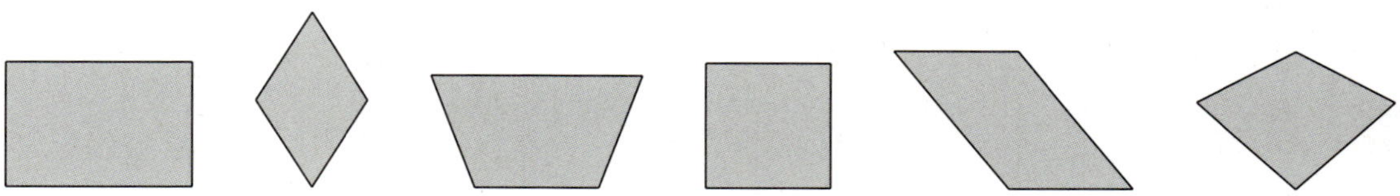

1; 4 2; 3 1; 4 1; 3 2; 4 2; 3

474 3-Eck: a = 6,9 cm; 4-Eck: a = 5,7 cm; 6-Eck: a = 4 cm; 8-Eck: a = 3,1 cm;

475 —

476 —

477 72°

478 Gleiches Muster bei **a)**, **b)**, **c)** und **d)**.
e) Die 5er-Reihe wäre eine Strecke. Die 10er-Reihe wäre ein Punkt. **f)** 1er-, 2er-, 3er- und 4er-Reihe

479 **a)** d = 2,1 cm; A = 2,25 cm^2 **b)** d = 3,5 cm; A = 6,25 cm^2
c) d = 4,9 cm; A = 12,25 cm^2 **d)** d = 6,4 cm; A = 20,25 cm^2

480 **a)** d = 3,8 cm; A = 5,25 cm^2 **b)** d = 5,2 cm; A = 11,25 cm^2
c) d = 4,6 cm; A = 10,5 cm^2 **d)** d = 5,7 cm; A = 15,75 cm^2

481 **a)** c = 4,3 cm; A = 3 cm^2 **b)** c = 4,9 cm; A = 4,5 cm^2
c) c = 4,3 cm; A = 4,375 cm^2 **d)** c = 5,3 cm; A = 7 cm^2

482 **a)** Rechteck; A = 84 cm^2 **b)** rechtwinkeliges Dreieck; A = 27 cm^2
c) Quadrat; A = 25 cm^2 **d)** rechtwinkeliges Dreieck; A = 32 cm^2

483 **a)** A = 522 cm^2 **b)** A = 360 cm^2 **c)** A = 344,5 cm^2 **d)** A = 322 cm^2

484 **a)** A = 20 cm^2 **b)** A = 30 cm^2 **c)** A = 25 cm^2 **d)** A = 15 cm^2

485 **a)** A = 20 cm^2 **b)** A = 24 cm^2 **c)** A = 32 cm^2 **d)** A = 30 cm^2

486 **a)** A = 12 cm^2 **b)** A = 21 cm^2 **c)** A = 12 cm^2 **d)** A = 10 cm^2

487 **a)** 2 Rechtecke **b)** 2 gleichschenklige Trapeze und 2 gleichschenklige Dreiecke
c) 1 Rechteck **d)** 4 gleichschenklige Dreiecke

Die Prozentrechnung

488

	a)	b)	c)
grün	40 % = $\frac{40}{100}$ = 0,40	15 % = $\frac{15}{100}$ = 0,15	58 % = $\frac{58}{100}$ = 0,58
gelb	31 % = $\frac{31}{100}$ = 0,31	57 % = $\frac{57}{100}$ = 0,57	32 % = $\frac{32}{100}$ = 0,32
weiß	29 % = $\frac{29}{100}$ = 0,29	28 % = $\frac{28}{100}$ = 0,28	10 % = $\frac{10}{100}$ = 0,10

489 **a)** 13 % = 0,13 **b)** 7 % = 0,07 **c)** 25 % = 0,25
d) 2 % = 0,02 **e)** 90 % = 0,9 **f)** 120 % = 1,2

490 **a)** 9 % = 0,09 **b)** 37 % = 0,37 **c)** 80 % = 0,8
d) 75 % = 0,75 **e)** 130 % = 1,3 **f)** 190 % = 1,9

491 **a)** 35 % = $\frac{35}{100}$ **b)** 50 % = $\frac{50}{100}$ **c)** 30 % = $\frac{30}{100}$
d) 19 % = $\frac{19}{100}$ **e)** 50 % = $\frac{50}{100}$ **f)** 17 % = $\frac{17}{100}$

492 **a)** 133 % = $\frac{133}{100}$ **b)** 70 % = $\frac{70}{100}$ **c)** 10 % = $\frac{10}{100}$
d) 150 % = $\frac{150}{100}$ **e)** 125 % = $\frac{125}{100}$ **f)** 45 % = $\frac{45}{100}$

493 $0{,}2 = 20\,\% = \frac{20}{100}$; $\frac{50}{100} = 50\,\% = 0{,}5$; $2\,\% = \frac{2}{100} = 0{,}02$; $\frac{5}{100} = 5\,\% = 0{,}05$

494 **a)** $0{,}75 = \frac{75}{100} = \frac{3}{4}$ **b)** $0{,}1 = \frac{10}{100} = \frac{1}{10}$ **c)** $0{,}2 = \frac{20}{100} = \frac{1}{5}$
d) $0{,}18 = \frac{18}{100} = \frac{9}{50}$ **e)** $0{,}4 = \frac{40}{100} = \frac{2}{5}$ **f)** $0{,}85 = \frac{85}{100} = \frac{17}{20}$

495 **a)** $\frac{1}{4}$ **b)** $\frac{1}{2}$ **c)** $\frac{1}{10}$ **d)** $\frac{1}{5}$ **e)** $\frac{1}{20}$ **f)** $\frac{3}{5}$

496 **a)** $\frac{7}{20}$ **b)** $\frac{4}{5}$ **c)** $\frac{11}{10}$ **d)** $\frac{3}{10}$ **e)** $\frac{7}{10}$ **f)** $\frac{3}{20}$

497 **a)** $\frac{1}{2} = \frac{50}{100} = 50\,\%$ **b)** $\frac{1}{4} = \frac{25}{100} = 25\,\%$ **c)** $\frac{1}{5} = \frac{20}{100} = 20\,\%$ **d)** $\frac{1}{10} = \frac{10}{100} = 10\,\%$

498 **a)** $\frac{3}{4} = \frac{75}{100} = 75\,\%$ **b)** $\frac{2}{5} = \frac{40}{100} = 40\,\%$ **c)** $\frac{3}{10} = \frac{30}{100} = 30\,\%$
d) $\frac{4}{5} = \frac{80}{100} = 80\,\%$ **e)** $\frac{7}{10} = \frac{70}{100} = 70\,\%$

499 **a)** $\frac{25}{100} = \frac{1}{4}$ **b)** $\frac{75}{100} = \frac{3}{4}$ **c)** $\frac{20}{100} = \frac{1}{5}$ **d)** $\frac{40}{100} = \frac{2}{5}$

500 **b)** $\frac{2}{3} = 2 : 3 = 0{,}666 \ldots \approx 67\,\%$

501 **b)** $50\,\% = \frac{1}{2}$; **c)** $25\,\% = \frac{1}{4}$; **d)** $20\,\% = \frac{1}{5}$; **e)** $10\,\% = \frac{1}{10}$

502 —

503 **a)** 100 % .... 20 Schüler (G)
(p) 25 % .... 5 Schüler (A)
b) 100 % .... 10 Kaninchen (G)
(p) 20 % .... 2 Kaninchen (A)

504 **a)** 7 € **b)** 4,50 € **c)** 8,30 €

505 **a)** 9 € **b)** 4 € **c)** 5,60 €

506 **a)** 300 € **b)** 40 € **c)** 35 €

507 **a)** 10 € **b)** 200 € **c)** 50 €

508 **a)** 7,50 €; 75 €; 150 € **b)** 0,88 €; 8,80 €; 17,60 € **c)** 3,6 €; 180 €; 90 €

509

100 %	600	3 200	180	45	120
1 %	6	32	1,8	0,45	1,2
10 %	60	320	18	4,5	12
20 %	120	640	36	9	24
50 %	300	1 600	90	22,5	60

510

100 %	600	2 400	80	400
1 %	6	24	0,8	4
2 %	12	48	1,6	8
3 %	18	72	2,4	12
10 %	60	240	8	40
5 %	30	120	4	20
20 %	120	480	16	80
50 %	300	1 200	40	200
25 %	150	600	20	100
75 %	450	1 800	60	300
200 %	1 200	4 800	160	800

511 **a)** 136 € **b)** 65,60 € **c)** 13,50 € **d)** 18 € **e)** 94,50 € **f)** 31,50 €

512 4,50 €

513 542,50 €

514 52 Schüler

515 126,40 €

516 431,36 €

517 56 000 Zuschauer

518 **a)** 171 g **b)** 10 g **c)** 28 g

519 4 913 Menschen nahmen an der Wahl teil.

520 840 Menschen waren erkrankt.

521

	A	B	C
Wohnzimmer und Küche	24 m^2	36 m^2	33,75 m^2
Schlafzimmer	14,4 m^2	16 m^2	22,5 m^2
Bad und WC	13,2 m^2	12 m^2	7,5 m^2
Vorzimmer	14 %; 8,4 m^2	20 %; 16 m^2	15 %; 11,25 m^2

522 **a)** 1 % **b)** 10 % **c)** 20 % **d)** 50 % **e)** 25 % **f)** 200 %

523 **a)** 25 % **b)** 40 % **c)** 50 %

524 **a)** 12,5 % **b)** 35 % **c)** 30 % **d)** 12,5 % **e)** 13 % **f)** 15 %

525 Benny: 93,75 %; Marie: 80 %; Jonas: 90 %

526 87,5 %

527 80 %

528 19 %

529 2 %

530 **a)** 530 € **b)** 45 € **c)** 2 400 €

531 **a)** 65 € **b)** 120 € **c)** 2,50 €

532 **a)** 7,50 € **b)** 4 € **c)** 25 € **d)** 37,50 € **e)** 75 € **f)** 190 €

533 **a)** 10 € **b)** 2,60 € **c)** 27 €

534 **a)** 280 € **b)** 10 € **c)** 120 € **d)** 20 € **e)** 3,60 € **f)** 400 €

535 **a)** 250 € **b)** 770 € **c)** 240 € **d)** 128 € **e)** 16,40 € **f)** 84 €

536 **a)** 160 € **b)** 34 € **c)** 55 € **d)** 60 € **e)** 19 € **f)** 7 500 €

537 **a)** 24 Kinder **b)** 22 Kinder **c)** 25 Kinder **d)** 20 Kinder

538 200 Personen

539 12 km

540 1 900 €

541 16 000 €

542 205 000 €

543 Wie lang ist die gesamte Strecke? 50 km

544 Wie viel Geld brauchen sie für die Sportwoche? 3 500 €

545 Wie viel Stück wurden produziert? 53 750 Stück

546 Wie viele Beispiele sind es insgesamt? 5 Beispiele

547 Wie viele Abschnitte gibt es? 15 Abschnitte

548 **a)** Wie viele Einwohner hat Burghausen? 5 000 Einwohner
b) Was war sein ursprüngliches Körpergewicht? 90 kg
c) Wie viele Karten gibt es? 16 000 Karten
d) Wie viele Plätze gibt es? 240 Plätze

549 **a)** 20 % – 47 % – 33 % **b)** 26 % – 45 % – 29 % **c)** 31 % – 39 % – 30 %

550 **a)** 35 mm, 27 mm, 25 mm, 13 mm **b)** 32 mm, 28 mm, 25 mm, 15 mm

551 **a)** Radfahren: 50 %; Ballspiele: 25 %; Schwimmen: 12,5 %; Skate-Board: 12,5 %
b) Radfahren: 40 %; alle anderen: 20 %
c) Radfahren: 37,5 %; Ballspiele: 12,5 %; Schwimmen: 12,5 %; Skate-Board: 37,5 %

552 22,5 km

553 ca. 33 %

554 88,80 €

555 1 800 €

556 20 %

557 20 €

558 450 €

559 56 Schülerinnen und Schüler

560 39 Schülerinnen und Schüler

561 ab 36 Punkten

562 285 Karten

563 Wie viel Gramm Fett sind in den Lebensmitteln erhalten?
a) 135 g **b)** 205 g **c)** 9,5 g **d)** 9 g

564 **a)** 50 % **b)** ca. 33 % **c)** 25 %

565 **a)** Ermäßigung: 122,50 €; neuer Preis: 367,50 € **b)** 10,50 €; 24,50 €
c) 15,60 €; 62,40 €

566 **a)** Erhöhung: 22,50 €; neuer Preis: 472,50 € **b)** 116,10 €; 13 016,10 €
c) 32,40 €; 752,40 € **d)** 0,12 €; 7,02 €

567 **a)** 10 % **b)** 5 % **c)** 25 % **d)** 10 **e)** ca. 11 % **f)** 20 %

568 Der Preis beträgt nach der Reduktion 1,485 €, also weniger als 1,50 €. Die Erhöhung bzw. Reduktion um 10 % bezieht sich auf verschiedene Grundwerte.

569 **a)** 504,40 € **b)** 2 221,30 € **c)** 669,30 € **d)** 174,60 €

570 **a)** Weste: 76 €; Hose: 63,20 € **b)** T-Shirt: 21,50 €; Hose 1: 33,15 €
c) Bluse: 24,50 €; Hose 1: 41,30 €

571 **a)** 40 % ja **b)** 20 % nein **c)** 40 % ja **d)** 28 % nein

572

100 %	Nettopreis in €	6,00	15	30	250	500
20 %	Steuer in €	1,20	3	6	50	100
120 %	Bruttopreis in €	7,20	18	36	300	600

573 **a)** 0,20 €; 2,2 € **b)** 0,50 €; 3 € **c)** 9 €; 54 €
d) 1,20 €; 13,20 € **e)** 4,60 €; 27,60 € **f)** 31 €; 186 €

574 **a)** netto: 32,50 €; MwSt.: 6,5 € **b)** netto: 155,80 €; MwSt.: 31,16 €
c) netto: 62,50 €; MwSt.: 12,50 € **d)** netto: 16 600 €; MwSt.:3 320 €

575

Nettopreis in €	5,00	20	60	180	400	1 200
Steuer in €	0,50	4	6	18	80	240
Bruttopreis in €	5,50	24	66	198	480	1 440
Steuer in %	10	20	10	10	20	20

Statistik

576 **a)** A **b)** R **c)** R **d)** A

577 (in Klammern die Werte für die 2b)

2 a (2 b)	absolute Häufigkeit	relative Häufigkeit	
	Schüler	in Bruch und Dezimalform	in Prozent
Andreas (Tanja)	13 (12)	$\frac{13}{25} = 0{,}52$ $\left(\frac{12}{25} = 0{,}48\right)$	52 % (48 %)
Carina (Marco)	8 (8)	$\frac{8}{25} = 0{,}32$ $\left(\frac{8}{25} = 0{,}32\right)$	32 % (32 %)
Thomas (Selina)	4 (5)	$\frac{4}{25} = 0{,}16$ $\left(\frac{1}{5} = 0{,}2\right)$	16 % (20 %)
Gesamt	25 (25)	$\frac{25}{25} = 1$ $\left(\frac{25}{25} = 1\right)$	100 % (100 %)

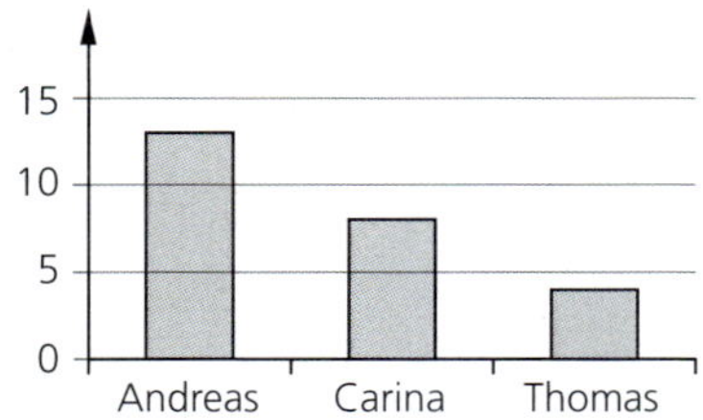

578 **a)** Es wurde ein Säulendiagramm gewählt, um die Höhe der Berge zu repräsentieren.

b) Großglockner 3 798 – 3 800 m
Großvenediger 3 662 – 3 700 m
Dachstein 2 995 – 3 000 m
Geschriebenstein 884 – 900 m
Wildspitze 3 774 – 3 800 m
Piz Buin 3 312 – 3 300 m
Schneeberg 2 076 – 2 100 m
Hermannskogel 542 – 500 m

c) Die Berge liegen teilweise in mehr als einem Bundesland.

d) Kärnten, Tirol und Salzburg

579

	absolute Häufigkeit	relative Häufigkeit	
		in Bruch und Dezimalform	in Prozent
Radfahren	14	$\frac{14}{34} = \frac{7}{17} = 0{,}412$	41,2 % ≈ 41 %
Ballspiele	11	$\frac{11}{34} = 0{,}324$	32,4 % ≈ 32 %
Skateboard fahren	6	$\frac{6}{34} = \frac{3}{17} = 0{,}177$	17,7 % ≈ 18 %
Inline skaten	3	$\frac{3}{34} = 0{,}088$	8,8 % ≈ 9 %
Gesamt	34	$\frac{34}{34} = 1$	100 %

580

2 a	absolute Häufigkeit	relative Häufigkeit	
	Schüler	in Bruch und Dezimalform	in Prozent
Katze	9	$\frac{9}{25} = 0{,}36$	36 %
Hund	6	$\frac{6}{25} = 0{,}24$	24 %
Hase	3	$\frac{3}{25} = 0{,}12$	12 %
Pferd	7	$\frac{7}{25} = 0{,}28$	28 %
Gesamt	25	$\frac{25}{25} = 1$	100 %

2 b	absolute Häufigkeit	relative Häufigkeit	
	Schüler	in Bruch und Dezimalform	in Prozent
Katze	11	$\frac{11}{20} = 0{,}55$	55 %
Hund	5	$\frac{5}{20} = \frac{1}{4} = 0{,}25$	25 %
Hase	2	$\frac{2}{20} = \frac{1}{10} = 0{,}1$	10 %
Pferd	2	$\frac{2}{20} = \frac{1}{10} = 0{,}1$	10 %
Gesamt	20	$\frac{20}{20} = 1$	100 %

2 c	absolute Häufigkeit	relative Häufigkeit	
	Schüler	in Bruch und Dezimalform	in Prozent
Katze	4	$\frac{4}{16} = \frac{1}{4} = 0{,}25$	25 %
Hund	8	$\frac{8}{16} = \frac{1}{2} = 0{,}5$	50 %
Hase	2	$\frac{2}{16} = \frac{1}{8} = 0{,}125$	12,5 %
Pferd	2	$\frac{2}{16} = \frac{1}{8} = 0{,}125$	12,5 %
Gesamt	16	$\frac{16}{16} = 1$	100 %

Säulendiagramm siehe Einführungsbeispiel S. 116.

581 **a)** Es wurde ein Balkendiagramm gewählt, um die Länge der Flüsse zu repräsentieren.

b)

Leitha	180 km
Salzach	255 km
Enns	320 km
Mur	440 km
Inn	510 km
Drau	720 km
Rhein	1 233 km
Donau	2 858 km

582 Balkendiagramm siehe 581.

583 Burgenland: 33 %
Kärnten: 61 %
Niederösterreich: 40 %
Oberösterreich: 42 %
Salzburg: 52 %
Steiermark: 61 %
Tirol: 41 %
Vorarlberg: 38 %
Wien: 20 %

584 Kakao: 63; Tee: 46; Kaffee: 14; Saft: 11

585 **a)**

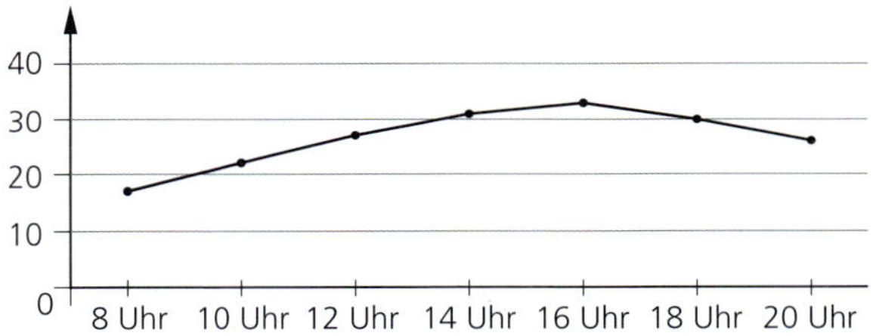

b) vgl. a)

586 **a)** Bahar hat 3-mal am Tag (in der Früh, zu Mittag und am Abend) Fieber gemessen.
b) Sie hatte 4 Tage lang mehr als 37°.
c) Die Temperatur war am zweiten Tag um 19.00 Uhr am höchsten.
d) Bahar hatte bei 3 Messungen weniger als 37°.

587 Darstellung ist erlaubt.

588 Die Zeitintervalle sind nicht gleich.

589 Die Fläche ist 4 mal so groß.

Prismen

590 Pyramide, Prisma (dreiseitig liegend), Zylinder, Würfel, Kugel und Kegel, Zylinder, Quader, Prisma (dreiseitig liegend) bestehend aus Pyramiden

591 **a)** Kegel und Pyramide (sie haben eine Spitze)
b) Prisma und Zylinder
c) Würfel und Quader

592 – **594** siehe Einführungsbeispiel S.123

595 **a)** quadratisches Prisma
b) dreiseitiges Prisma (gleichschenkliges Dreieck als GF)
c) Quader
d) Würfel
e) dreiseitiges Prisma (rechtwinkliges Dreieck als GF)

596 **a)** Quader + Prisma mit gleichschenkligem Dreieck als GF
b) Würfel + Prisma mit rechtwinkligem Dreieck als GF
c) 2 quadratische Prismen + Prisma mit gleichschenkligem Dreieck als GF
d) Quader + 3 quadratische Prismen

597 **a)** stehend **b)** liegend **c)** stehend **d)** liegend

598 **a)** Würfel, Quadrate
b) Quader, Rechtecke
c) quadratisches Prisma, Quadrate und Rechtecke
d) dreiseitiges Prisma, Rechtecke und rechtwinklige Dreiecke
e) dreiseitiges Prisma, Rechtecke und gleichschenklige Dreiecke
f) dreiseitiges Prisma, Rechtecke und gleichseitige Dreiecke

599 Quader; quadratisches Prisma; Würfel

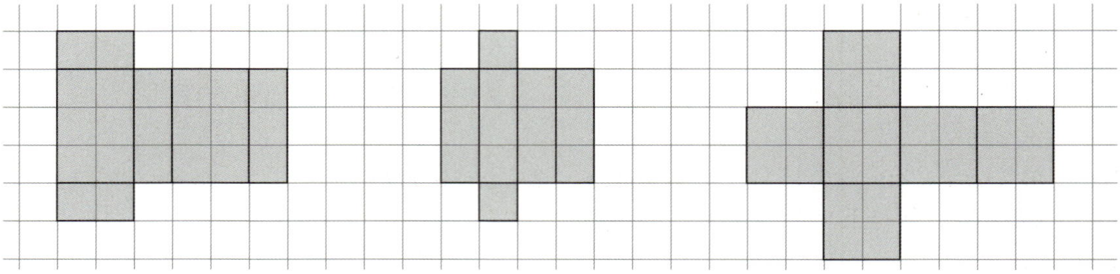

600 **a)** O = 13,5 cm²

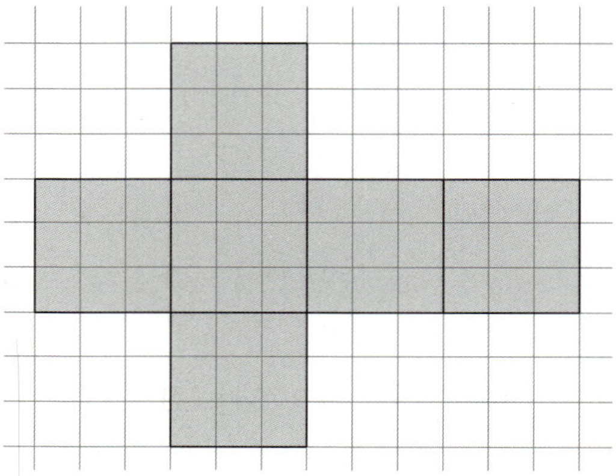

b) O = 24 cm²
c) O = 54 cm²
d) O = 37,5 cm²

601 **a)** O = 58 cm²

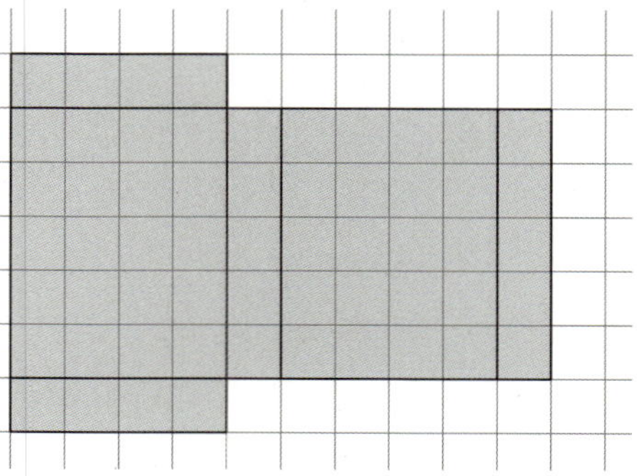

b) O = 35,5 cm²
c) O = 57 cm²

602 **a)** M = 70 m² **b)** M = 64,8 m² **c)** M = 70 m²

603 **a)** 47 m², 2 Kübel, 54 € **b)** 59,4 m², 2 Kübel, 54 €
c) 55 m², 2 Kübel, 54 € **d)** 79,16 m², 2 Kübel, 54 €

604 40 m²

605 **a)** 1 500 cm³ **b)** 350 cm³ **c)** 2,5 cm³ **d)** 0,92 cm³
e) 2 400 cm³ **f)** 800 cm³ **g)** 0,7 cm³ **h)** 6,4 cm³

606 **a)** 5 300 dm^3 **b)** 0,65 dm^3 **c)** 2,2 dm^3 **d)** 600 dm^3
e) 110 dm^3 **f)** 1,5 dm^3 **g)** 0,8 dm^3 **h)** 3 300 dm^3

607 **a)** 3,660 m^3 **b)** 2,125 m^3 **c)** 0,08 m^3 **d)** 0,38 m^3
e) 1,2 m^3 **f)** 0,099 m^3 **g)** 3,1 m^3 **h)** 0,7 m^3

608 **a)** 2 500 mm^3 **b)** 880 cm^3 **c)** 7 300 dm^3 **d)** 11 500 dm^3
e) 300 mm^3 **f)** 3 250 cm^3 **g)** 200 dm^3 **h)** 80 dm^3

609 **a)** 0,8 cm^3 **b)** 3,22 dm^3 **c)** 0,19 dm^3 **d)** 0,6 m^3
e) 2,5 cm^3 **f)** 0,15 dm^3 **g)** 0,75 dm^3 **h)** 2,34 m^3

610 **a)** 1 250 $cm^3 = 1\frac{1}{4}$ dm^3 **b)** 0,5 $m^3 = \frac{1}{2}$ m^3 **c)** 0,25 $dm^3 = \frac{1}{4}$ dm^3 **d)** 6 500 $mm^3 = 6\frac{1}{2}$ cm^3

611 **a)** 1 111 cm^3 = 1 111 ml = 1,111 l = 1,111 dm^3 **b)** 1 235 cm^3 = 1 235 ml = 1,235 l = 1,235 dm^3
c) 450 cm^3 = 450 ml = 0,45 l = 0,45 dm^3 **d)** 149 cm^3 = 149 ml = 0,149 l = 0,149 dm^3
e) 2 020 cm^3 = 2 020 ml = 2,02 l = 2,02 dm^3 **f)** 452 cm^3 = 452 ml = 0,452 l = 0,452 dm^3

612 **a)** 500 ml = 0,5 l = 0,5 dm^3 **b)** 250 ml = 0,25 l = 0,25 dm^3
c) 750 ml = 0,75 l = 0,75 dm^3 **d)** 100 ml = 0,1 l = 0,1 dm^3

613 **a)** 1 ml = 1 cm^3 = 0,001 l **b)** 2 ml = 2 cm^3 = 0,002 l **c)** 5 ml = 5 cm^3 = 0,005 l
d) 10 ml = 10 cm^3 = 0,01 l **e)** 50 ml = 50 cm^3 = 0,05 l

614 **a)** $2\frac{1}{2}$ l = 2 500 ml = 2 500 cm^3 **b)** $\frac{1}{4}$ dm^3 = 250 cm^3 = 250 ml
c) $1\frac{3}{4}$ dm^3 = 1 750 cm^3 = 1 750 ml **d)** 0,7 l = 700 ml = 700 cm^3
e) 350 ml = 0,35 l = 0,35 dm^3 **f)** $3\frac{1}{2}$ l = 3 500 ml = 3 500 cm^3
g) 1,7 dm^3 = 1 700 cm^3 = 1 700 ml **h)** 120 cm^3= 0,12 l = 0,12 dm^3

615 **a)** 250 l **b)** 5 hl **c)** 10 hl **d)** 70 l **e)** 3,5 hl **f)** 350 l **g)** 0,017 hl **h)** 1,2 hl

616 **a)** 3 500 g **b)** 250 g **c)** 25 g **d)** 8 g **e)** 7 500 g **f)** 444 g **g)** 18 g **h)** 125 g

617 **a)** 725 dag **b)** 90 dag **c)** 7 dag **d)** 3,5 dag **e)** 35,5 dag **f)** 62 dag **g)** 18 dag **h)** 48,5 dag

618 **a)** 1,8 kg **b)** 0,455 kg **c)** 0,2 kg **d)** 0,75 kg **e)** 0,78 kg **f)** 2,3 kg **g)** 1,3 kg **h)** 0,9 kg

619 **a)** 7,5 t **b)** 0,63 t **c)** 3 500 kg **d)** 770 kg **e)** 0,8 t **f)** 1,28 t **g)** 2 090 kg **h)** 12 500 kg

620 **a)** 4 500 kg **b)** 30 dag **c)** 390 dag **d)** 300 g **e)** 500 kg **f)** 260 dag **g)** 50 dag **h)** 120 g

621 **a)** 0,8 t **b)** 2,3 kg **c)** 0,68 kg **d)** 23 dag **e)** 7,3 t **f)** 0,75 kg **g)** 1,45 kg **h)** 17,7 dag

622 **a)** 750 kg = $\frac{3}{4}$ t **b)** 5 000 g = 5 kg **c)** $1\frac{1}{4}$ kg = 125 dag **d)** 830 g = 83 dag

623 **a)** 27 cm^3 **b)** 85,184 cm^3 **c)** 125 cm^3 **d)** 238,328 cm^3

624 **a)** 80 cm^3 **b)** 68,25 cm^3 **c)** 127,5 cm^3

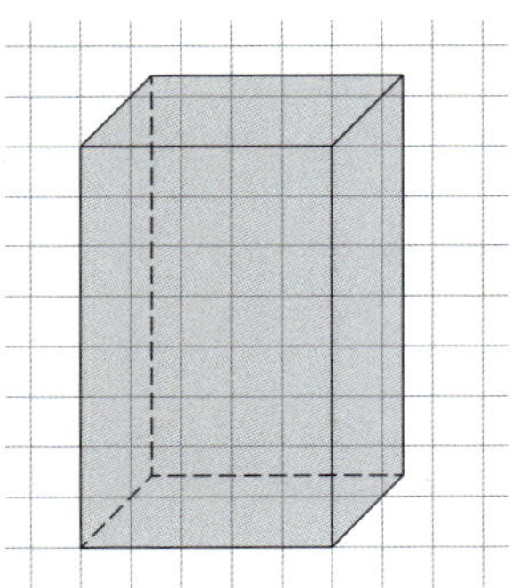

Schrägriss zu **a)**

625 **a)** 98 m^3 **b)** 45,375 m^3 **c)** 74,4 m^3

626 **a)** 44,8 m^3 = 44 800 l **b)** 12 m^3 = 12 000 l **c)** 126 m^3 = 126 000 l **d)** 204 m^3 = 204 000 l

627 **a)** 0,5 l **b)** 0,5 l Beide haben ein Volumen von 0,5 Liter.

628 **a)** 37,44 m^3 **b)** 74,88 m^3 **c)** 97,44 m^3

629 **a) (1)** 14 m^3; **(2)** 15 m^3 (exakt: 14,650272 m^3)
b) (1) 30 m^3; **(2)** 31 m^3 (exakt: 30,715776 m^3)
(3) Auf diese Weise sind sie gut stapelbar.

630 **a)** 1,0 m^3 **b)** 0,6 m^3 **c)** 0,6 m^3

631 **a)** 105 l (ca. 1 hl) **b)** 420 l **c)** 37,5 l

632 Da die Kiste ein Volumen von 384 cm^3 hat, die 100 Goldbarren aber ein Volumen von 600 cm^3 haben, kann die Behauptung nicht stimmen.

633 **a)** 8,75 cm^3 **b)** 9,68 cm^3 **c)** 9,9 cm^3

634 **a)** 94,5 cm^3 **b)** 24 cm^3 **c)** 41 500 mm^3 **d)** 600 cm^3

635 **a)** 120 m^3 **b)** 0,576 m^3 **c)** 377 m^3

636 **a)** 5,25 g **b)** 3,2 g

637 **a)** 2,5 kg **b)** 15,6 kg

638 1 kg = 1 l

639 **a)** 1,2 kg **b)** 90 g **c)** 2,478 kg